친절한
경제 신문

친절한 경제 신문

글 서울초등경제금융교육연구회

썬더키즈
thunder kids

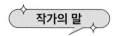

이 책을 읽는 친구들에게

안녕하세요, 어린이 여러분!

이 책을 펼쳤다면 경제에 대해 알아보려는 마음이 생겨서겠죠? 그렇다면 경제는 무엇일까요? 어렵지 않아요. 경제는 여러분의 일상생활에도 깊숙이 들어와 있거든요. 친구들과 편의점에서 간식을 사 먹거나 용돈으로 무엇을 할지 고민하는 것도 경제 활동이에요.

우리는 매 순간 선택을 해야 해요. 가지고 있는 자원이나 돈은 항상 한정되어 있기 때문에 하고 싶은 것과 필요한 것 사이에서 고민하게 되지요. 여기서 우리가 경제를 공부해야 하는 이유를 찾을 수 있어요. 차곡차곡 쌓인 경제 지식은 단단한 경제 근육이 되어 우리가 더 나은 선택을 할 수 있도록 도와주기 때문이에요. 어릴 때부터 돈을 현명하게 관리하는 습관을 만들어 두면 어른이 되었을 때 더 능숙하게 돈을 활용할 수 있어요.

경제 신문을 꾸준히 읽으면 깊이 생각하는 힘이 생겨서 우리가 살고 있는 세상에 대해 더 잘 이해할 수 있어요. 그래서 초등학교 선생님들이 모여 여러분 마음에 쏙 들 만한 주제들을 뽑아 신문 형식으로 풀어 썼답니다. 마치 신나는 탐험을 떠나듯 기사 속 이야기에 푹 빠져 보세요. 다양한 경제 주체들이 서로 촘촘하게 연결되어 있다는 걸 새롭게 느끼게 될 거예요. 경제 공부는 단순히 돈을 벌기 위해 하는 것이 아니라, 나와 우리 주변을 더 행복하게 만들기 위해 고민하는 공부라는 것도요.

행복한 경제 공부를 위한 첫 장을 펼친 여러분을 응원합니다!

서울초등경제금융교육연구회 선생님 일동

제가 살던 미국에는 어린이들을 위한 경제 책이 아주 많았습니다. 아이들의 경제적 자유가 어떤 것보다 중요하기 때문이죠. 우리나라는 그동안 아쉽게도 아이들 돈 교육에 인색했습니다. 부자가 되려고 하지 않고 점수에만 집착하는 실수를 반복합니다. 남이 낸 문제를 맞히는 것보다 문제를 발견하는 아이들로 성장하게 해야 합니다. 자본이 일하는 것을 가르쳐야 합니다.

이번에 새로 선보이는 《친절한 경제 신문》은 우리 아이들에게 소중한 경제와 금융에 대해 새롭고 귀한 가르침을 선사할 것으로 생각됩니다. 《친절한 경제 신문》이 여러분의 자녀를 부자의 세계로 이끌 것이라고 믿습니다.

전 메리츠자산운용 CEO, 존리의 부자학교 대표 존리

세계 최고 투자자 워런 버핏과 세계 최고의 부자이자 기부가인 빌 게이츠의 공통점은 어릴 때부터 경제 활동을 시작했다는 점입니다. 자녀들에게도 일찍부터 경제 교육을 시작했지요. 경제는 삶 자체입니다. 경제가 어렵다고 외면할 게 아니라, 어릴 때부터 경제를 자주 접하는 게 중요합니다. 그 방법 중 하나가 경제 신문을 꾸준히 보는 것입니다. 중요한 경제 이슈가 담긴 경제 신문을 보면서 경제학의 개념과 원리도 자연스럽게 터득할 수 있습니다. 특히 《친절한 경제 신문》은 어린이 경제 교육을 위해 불철주야 연구하는 여섯 명의 선생님이 쓴 책이라는 것도 반가운 부분입니다. 이 책은 경제와 가까워지는 지름길이 될 것입니다.

**한국경제교육학회, 한국금융교육학회 회장,
경인교대 사회과교육과 교수 한진수**

이 책의 활용 방법

1 최신 경제 기사

초등학생 관심사에 맞춰 최신 경제 트렌드를 반영한 50가지 기사를 담았어요.

2 검색 필수 해시태그

기사의 핵심 내용을 해시태그로 먼저 짐작해 보고 검색도 해 봐요.

3 경제 핵심 어휘

초등학생이 꼭 알아야 할 교과서 속 필수 경제 개념을 경제 핵심 어휘로 강조했어요.

4 어휘 풀이

기사를 읽으면서 어려웠던 단어는 어휘 풀이를 확인하며 쉽게 이해해요.

초등학생도 한다, 유튜브 스타!

#사업 소득 #유튜버 #서비스

"구독과 좋아요, 알림 설정까지 부탁드려요!" 요즘 아이들에게 가장 친숙한 인사말이에요. TV보다 유튜브를 더 많이 보는 시대가 되었죠. 2024년 교육부·한국 직업 능력 연구원 조사에 따르면 유튜버와 같은 크리에이터가 초등학생이 희망하는 직업 3위를 차지했어요. 특히 유튜브에는 재미있는 영상도 많고, 배우고 싶은 내용도 쉽게 찾을 수 있어요. 유튜브에 관심이 커지면서, 유튜브를 통해 돈을 버는 직업인 유튜버가 뜨고 있어요.

유튜버는 자신의 채널에 영상을 올리고, 많은 사람이 그 영상을 보면 돈을 벌 수 있어요. 유튜버들이 버는 돈은 <u>사업 소득</u>에 속해요. 초등학생 중에서도 유튜브에 영상을 올려서 돈을 버는 친구들이 있다고 해요.

우리가 돈을 버는 방법에는 여러 가지가 있어요. 회사에 취업하고 월급 형태로 돈을 받을 수도 있고, 아르바이트를 해서 돈을 벌 수도 있어요. 이런 것을 근로 소득이라고 해요.

사업 소득은 조금 달라요. 사업 소득은 내가 무언가를 만들어 팔거나, 서비스를 제공해 돈을 버는 활동을 말해요. 유튜버가 어떤 영상을 직접 기획하여 영상을 만들고, 그 영상을 사람들이 많이 봐서 수익을 얻는 것은 사업 소득의 하나예요.

그 외에도 레스토랑 사장님이 음식을 만들어서 손님들에게 팔아 돈을 버는 활동이 있어요. 세탁소를 운영하는 사장님이, 사람들이 맡긴 옷을 깨끗하게 세탁해 주는 서비스로 돈을 버는 활동도 사업 소득이에요.

✎ 어휘 풀이

- **사업 소득** 내가 일을 하여 내 물건을 팔거나 서비스를 제공해서 번 돈.
- **구독** 신청을 통해 온라인에서 콘텐츠를 지속적으로 받아 보거나 이용함.
- **크리에이터** 유튜브나 틱톡 등 SNS에 영상 콘텐츠를 만들어 올리고, 이를 통해 구독자나 조회 수를 기반으로 수익을 창출하는 사람.
- **수익** 일이나 사업 등을 하여 거두게 되는 이익.

5

전문적인 기사 내용

어린이 경제 · 금융 교육을
연구하는 초등학교 선생님들이
직접 기사를 썼어요.

6

문해력 쑥쑥 내용 체크

어휘, 내용 이해, 글쓰기까지
단계별 문제를 풀며 지식도
다지고 문해력도 키워요.

내용체크

1. <보기>를 보고 빈칸에 알맞은 낱말을 채워 보세요.

보기
수익   사업 소득

· 이모는 주식 투자로 많은 [   ]을 냈다.
· 뜨거운 여름날 아이스크림을 만들어서 팔고 받은 돈은 [   ]이다.

2. 글의 내용과 일치하면 O, 다르면 X 하세요.

· 돈을 버는 방법에는 사업 소득이 있다. ·········· (   )
· 유튜버가 영상으로 번 돈은 사업 소득이다. ·········· (   )

3. 이 글의 중심 낱말을 괄호에서 찾아 O표 하세요.

(사업 소득 / 근로 소득)은 내가 무언가를 만들어 팔거나, 서
비스를 제공해서 돈을 버는 활동을 이야기해요. 그 외에도 물건을
팔아서 돈을 버는 활동, 사람이 맡긴 옷을 깨끗하게 세탁해 주는
(서비스 / 봉사)로 돈을 버는 활동 모두 사업 소득이랍니다.

4. 여러분이 유튜브를 한다면 어떤 내용으로 유튜브 채널을 만들고 싶나요?
내가 관심 있는 것, 좋아하는 것, 잘하는 것을 생각해 보세요.

채널명

채널 내용

150

경제톡톡 부가 가치세

부가 가치가 뭐예요, 선생님?

쉽게 설명하면 물건이나 서비스의 가치를 높이는 거
예요. 예를 들어 커피 원두를 그냥 파는 것보다 맛있
는 커피를 만들어 파는 게 더 비싸겠죠?

저도 얼마 전에 물건을 사고 난 무 영수증을 보니 부
가 가치세 항목이 포함되어 있었어요. 부가 가치세랑
부가 가치가 연관이 있나요?

부가 가치세는 물건이나 서비스를 살 때 내는 세금이
에요. 보통 가격의 10%를 더 내야 해요. 예를 들어 1
만 원짜리 장난감을 사면 1천 원의 부가 가치세를 더
내는 거죠.

그럼 모든 물건을 살 때 세금을 더 내야 해요?

아니에요. 면세라고 해서 부가 가치세를 내지 않아
도 되는 물건이나 서비스도 있어요. 쌀이나 채소 같
은 기본적인 음식료, 병원비, 책값 등은 면세예요.

아, 그래서 병원에 가면 10%가 안 붙는 거군요!

맞아요! 생활에 꼭 필요한 것들은 세금 부담을 줄여
주는 거예요.

151

7

배경지식 플러스
경제 톡톡

선생님과 학생들의 대화를 보며
기사와 관련된 경제 지식을
넓힐 수 있어요.

3장 ㅇ 돈을 소중하게 모아 보자

4장 • 돈을 똑똑하게 벌어 보자

5장 • 돈을 차곡차곡 불려 보자

6장 · 돈을 따뜻하게 나눠 보자

1장

****

돈을 슬기롭게
이해하자

****

머리핀으로 집을 살 수 있다고?

© **trademeproject** 인스타그램

　최근 K-POP 팬들 사이에서 포토 카드의 <u>물물 교환</u> 문화가 급속히 확산되고 있어요. 내가 원하는 아이돌의 포토 카드와 친구가 원하는 아이돌의 포토 카드를 교환하는 것과 같이 물건과 물건을 바꾸는 것을 물물 교환이라고 해요.

　물물 교환을 통해 내 집 마련에 성공한 **사례**도 있어요. 미국 캘리포니아에 사는 한 30대 여성은 1년 6개월간 28번의 물물 교환 끝에 머리핀 하나로 자기 집을 마련하는 데 성공했어요. 스키퍼 씨는 SNS에 '머리핀 하나로 집 얻기 프로젝트'를 시작한다고 알렸어요. 그리고 SNS를 통해 0.01달러(한화 약 14원) 실핀을 교환할 사람을 구했어요.

이후 귀걸이부터 유리잔, 진공청소기, 노트북, 다이아몬드 목걸이, 오두막, **트레일러**까지 수많은 물물 교환을 진행했어요. 스키퍼 씨는 자신이 가진 물건을 원하는 사람을 찾아, 점점 더 비싼 물건으로 교환했어요.

마침내 스키퍼 씨는 트레일러와 집의 물물 교환에 성공했어요. 1년 6개월 만에 첫 시작이었던 실핀의 가격보다 무려 800만 배 높은 가격의 집을 가질 수 있게 되었어요.

물물 교환에 성공하기 위해서는 단순히 물건의 **가치**를 판단하는 것을 넘어, 상대방의 **니즈**(Needs)를 파악하고 소통하는 능력이 매우 중요해요.

✏️ 어휘 풀이

* **물물 교환** 화폐로 사지 않고 직접 물건과 물건을 바꾸는 일.
* **사례** 어떤 일이 실제로 일어난 예.
* **트레일러** 견인차에 연결하여 짐이나 사람을 실어 나르는 차량.
* **가치** 사물이 지닌 쓸모.
* **니즈** 어떤 사람이 무언가를 원하거나 필요로 하는 것.

내 용 체 크

1. 글의 내용과 일치하면 O, 다르면 X 하세요.

• 물물 교환은 돈 대신 물건과 물건을 바꾸는 것을 말한다. ·················· (   )

• 물물 교환은 현대 사회에서는 사용되지 않는다. ························· (   )

2. 물물 교환으로 필요한 물건을 얻을 때 어떤 점이 불편할까요? <상황>을 읽어 보고 <보기>에서 골라 써 보세요.

보기

① 오래 보관할 수가 없어요.

② 너무 무거워요.

③ 나에게 필요한 물건이 없어요.

상황

• 전 지우개가 필요한데 친구가 자꾸 연필과 바꾸자고 해요. 저는 이미 연필이 너무 많은걸요. ······························· (   )

• 강원도에 사는 우리 집에서 감자를 보냈더니 제주도에 사는 친척이 생선을 너무 많이 보내 줘서 상할까 봐 걱정되어요. ···· (   )

• 50권의 책과 축구공을 교환하기로 했는데 책이 너무 많아서 어떻게 가지고 가야 할지 고민이 되어요. ························ (   )

3. 나에게 필요한 물건이 무엇인지 생각하면서 나만의 물물 교환 계획을 세워 보세요.

··

··

1. O, X / 2. ③, ①, ②

옛날에는 지금처럼 돈을 사용하지 않고 물건과 물건을 바꾸는 물물 교환을 했어요. 예를 들어 사과 5개를 가지고 있는 친구가 배가 고파 빵이 먹고 싶으면 빵을 가진 친구에게 사과를 주고 빵을 받는 거예요.

빵을 가진 친구가 사과가 먹고 싶어야 교환을 할 수 있겠네요?

맞아요. 그래서 물물 교환은 서로 원하는 물건이 있을 때만 가능했고, 원하는 물건을 찾기가 쉽지 않았어요.

그럼 닭 한 마리를 소 한 마리랑 바꿀 수도 있어요?

좋은 질문이에요. 하지만 닭과 소의 가치가 달라서 그냥 바꾸기는 어려웠어요. 사람들은 각 물건의 가치를 비교하고 여러 가지 물건을 묶어서 교환하기도 했답니다.

그럼 물건의 가치는 어떻게 정했어요?

그건 정말 어려운 문제였어요. 사람마다 물건에 관한 생각이 달라서 가치를 정하는 기준이 없었어요. 사람들은 더 편리하게 물건을 사고파는 방법을 찾게 되었고, 그 결과 돈이 만들어졌어요.

돈은 무엇으로 만들까?

    옛날에는 <u>화폐</u>라는 개념이 없었기 때문에 화폐 대신 자신이 가지고 있는 물건을 다른 사람이 필요로 하는 물건과 직접 바꿨어요. 그런데 물물 교환은, 바꾸고 싶은 물건의 가치 측정이 어렵고 교환할 사람을 찾기 어렵다는 문제점이 있었어요.

    사람들은 물물 교환의 불편함을 해소하기 위해 조개, 소금 등과 같은 귀한 물건을 '**물품** 화폐'로 사용하기 시작했어요. 하지만 부피가 큰 물건을 화폐로 사용하면 보관과 운반이 어려워 불편했어요. 그래서 금, 청동, 철과 같은 금속을 화폐로 사용했어요. 이를 '금속 화폐'라고 해요. 금속 화폐는 쓸 때마다 무게를 저울에 달아야 하는 단점이 있었어요.

많은 변화를 거쳐 지금처럼 금속에 **액수**를 찍어 낸 화폐가 등장했어요. 흔히 '동전'이라 불리는 이것을 '**주조** 화폐'라고 해요. 이후 더 가볍고 가지고 다니기 편리한 '지폐'가 나왔어요. 지폐는 한자로 '종이 화폐'를 의미해요. 많은 사람들이 지폐가 책이나 잡지에 사용되는 종이로 만들어질 것으로 생각하지만, 사실은 목화를 주원료로 한 특수 종이가 사용돼요.

화폐의 모습은 달라지고 있지만, 변하지 않는 것이 있어요. 사람들이 공유하는 가치가 담겨 있는 것은 무엇이든지 화폐로 쓰일 수 있다는 점이에요.

✎ 어휘 풀이

* **화폐** 물건을 사고팔거나 값을 치를 때 쓰는 것. 동전이나 지폐.
* **물품** 일정하게 쓸 만한 값어치가 있는 물건.
* **액수** 어떤 물건이나 돈의 양을 숫자로 나타낸 것.
* **주조** 금속을 녹여서 원하는 모양의 틀에 부어 굳히는 것.

1. <보기>를 보고 빈칸에 알맞은 낱말을 채워 보세요.

보기

물품 화폐   주조 화폐   금속 화폐

• 물물 교환의 불편함을 해소하기 위해 조개나 돌, 소금 등과 같이 귀한 물건을
（　　　　　　）로 사용하기 시작했다.
• 금, 청동, 철과 같은 금속을 사용한 화폐를 （　　　　　　）라고 한다.
• 금속에 액수를 찍어 낸 동전과 같은 화폐를 （　　　　　　）라고 한다.

2. 글의 내용과 일치하면 O, 다르면 X 하세요.

• 사람들은 물물 교환의 불편함을 해소하기 위해 화폐를 사용하기 시작했다.
.... (　　　)
• 지폐의 단위가 커지면 사람들이 잘 사용하지 않는다. .... (　　　)

3. 다음 글의 내용과 일치하지 <u>않는</u> 설명을 고르세요. .... (　　　)

① 물물 교환은 물건의 가치를 측정하는 것이 어렵다는 단점이 있다.
② 한번 정해진 화폐의 모습은 바꿀 수 없다.
③ 금속 화폐의 경우 쓸 때마다 무게를 저울에 달아 써야 했다.
④ 지폐는 목화를 주원료로 사용한다.

4. 우리나라에 10만 원권 화폐가 생긴다면 어떤 인물을 화폐에 넣고 싶은가 요? 이유와 함께 적어 보세요.

....

....

지폐의 숨겨진 비밀

지폐는 단순한 종이로 만든 것이 아니라 매우 정교하게 만들어진 특수한 종이에 다양한 보안 요소를 넣어 만들었어요. 왜 이렇게 복잡하게 만들었을까요?

누구나 만들 수 없게 하려고 한 것 같아요. 쉽게 만들 수 있으면 저부터 만들고 싶었을 거예요.

하하하! 맞아요, 누군가가 위조지폐를 만드는 것을 막기 위해서랍니다. 그렇다면 지폐에는 어떤 비밀이 숨겨져 있을까요?

지폐에 숨겨진 그림이 많던걸요. 꼭 숨은그림찾기처럼요!

그래요. 지폐에는 우리가 쉽게 알아볼 수 없는 미세한 무늬나 그림들이 많이 들어 있어요. 이런 무늬들은 특수한 기계로만 만들 수 있어서 우리가 흉내 내기는 매우 어려워요.

예전에 지폐를 햇빛에 비춰 봤는데 사람 얼굴이 빛 아래에서만 나타난 적이 있어요. 꼭 마법 같았어요.

맞아요. 지폐를 만들 때는 특별한 잉크를 사용하기도 해요. 그래서 빛에 비추면 색깔이 변하거나 특정한 무늬가 나타나요. 이렇게 복잡한 기술을 사용하여 지폐를 만들기 때문에 안심하고 돈을 사용할 수 있는 거예요.

십원빵, 위기에서 기회로!

'쭈욱' 늘어나는 치즈가 매력적인 십원빵, 한 번쯤 먹어 봤나요? 다보탑이 새겨진 10원짜리 동전을 쏙 빼닮은 십원빵은 2020년 경주에서 처음 등장한 이후 지금까지 큰 사랑을 받고 있어요.

하지만 2023년 6월, 십원빵은 예상치 못한 위기에 처했어요. **한국은행**은 10원 동전을 본뜬 십원빵 가게들이 많이 생기자, 모든 가게에 동전 모양을 사용하지 말라고 요청했어요.

<u>화폐 도안</u>은 **위조 방지** 등을 위해 함부로 사용하면 안 된다는 규정이 있어요. 동전 모양이 너무 많이 사용되면 화폐의 신뢰성이 떨어질 수 있다는 걱정 때문이에요.

십원빵 가게 주인들은 억울함을 호소했어요. "빵과 동전은 크기와

재질이 완전히 다른데 왜 문제가 되냐?"며 강하게 반발했고, 국회에서도 "일본의 십엔빵은 괜찮은데 왜 우리만 안 되냐?"는 비판이 나왔어요.

하지만 십원빵의 위기는 오히려 기회가 되었어요. 논란이 계속되자 한국은행은 2024년 8월 29일, 화폐 도안을 이용해 물건을 만들어 팔 수 있도록 규정을 바꿨어요. 하지만 진짜 돈과 혼동될 위험이 있는 경우는 여전히 규제 대상이에요.

이번 결정으로 십원빵은 다시 한 번 날개를 달게 되었어요. 십원빵을 만든 업체는 이미 90억 원 이상의 **매출**을 올렸어요. 앞으로 더 큰 성공을 거둘 수 있을 것으로 기대돼요.

🖉 어휘 풀이

* **화폐 도안** 동전이나 지폐에 새겨진 그림.
* **한국은행** 대한민국의 중앙은행으로 우리나라 돈(원화)을 발행함.
* **위조 방지** 가짜를 만들거나 진짜처럼 꾸며 속이는 행위, 즉 '위조'를 막는 것을 의미.
* **매출** 물건이나 서비스를 팔아서 번 돈.

1. 빈칸에 들어갈 말을 본문에서 찾아 쓰세요.

○
○ 　한국은행은 화폐 도안의 사용에 대해 □□□□을(를) 강조했
○ 습니다. 화폐는 국가의 신뢰를 바탕으로 운영되기 때문에, 위조가 발
○ 생하면 국민의 신뢰가 떨어지고 경제에 부정적인 영향을 미칠 수 있
○ 습니다. 이러한 이유로 한국은행은 화폐 도안을 함부로 사용하지 않
○ 도록 엄격한 규정을 두고 있습니다.
○
○

2. 십원빵의 위기가 기회가 된 이유를 고르세요. ·························· (　　)

① 한국은행이 규정을 완화했기 때문이다.

② 소비자 수요가 줄어들었다.

③ 다른 제품으로 대체되었다.

④ 생산 비용이 감소했다.

3. 한국은행이 동전 모양을 사용하지 말라고 요청한 이유를 고르세요. (　　)

① 위생 문제　　　　　　　　　② 화폐의 신뢰성이 떨어지는 문제

③ 가격 문제　　　　　　　　　④ 소비자 보호

4. 여러분은 화폐 도안을 사용한다면, 어떤 제품에 사용하고 싶나요? 상상력을 마음껏 발휘해서 재미있는 아이디어를 써 보세요.

....

....

 여러분은 길거리에 10원짜리 동전이 떨어져 있으면 줍나요? 실제로 실험을 해 봤는데, 30분 동안 아무도 줍지 않았다고 해요. 왜 아무도 줍지 않았을까요?

 작아서 잘 보이지도 않고, 줍기도 귀찮으니까요. 그리고 10원으로 살 수 있는 게 없어요.

 맞아요. 2006년부터 나온 10원짜리 동전은 크기가 더 작아졌어요. 그럼 10원짜리는 아예 없애는 게 좋을까요?

 네, 없애는 게 나을 것 같아요.

 그래요? 만약 10원짜리가 없어지면 물건값을 50원이나 100원 단위로 올려야 할 텐데요?

 그럼 아이스크림이 100원씩 오르는 거예요?

 그렇죠. 물가가 확 오를 수도 있어요. 세금도 마찬가지예요. 10원 단위가 없어지면 세금을 반올림해서 계산해야 하니까 부모님이 세금을 더 많이 내야 할 수도 있어요.

 헉! 그럼 안 되겠네요.

 10원의 작지만 강한 힘, 이제 알겠죠?

지금 일본에 가지 않으면 손해

　일본 정부 관광국의 통계에 따르면 최근 몇 년간 일본을 방문하는 외국인 관광객 중 한국인의 비중이 매우 높은 것으로 나타났어요. 게다가 엔화 <u>환율</u>이 34년 만에 최저치를 기록한 **슈퍼 엔저** 현상으로 인해 관광객이 더욱 늘었어요.

　한국 돈인 원화와 외국 돈을 바꾸는 **비율**이 바로 환율이에요. 엔화 가치가 하락하면서 한국 원화의 상대적 가치가 높아졌어요. 이에 따라 한국인들은 일본 여행을 더 저렴하게 즐길 수 있게 되었어요. 이처럼 해외여행을 계획할 때는 여행할 나라의 환율이 낮아지는 것이 매우 유리해요.

　하지만 다른 나라의 환율이 내려가는 것이 우리에게 무조건 좋은 것만은 아니에요. 환율이 낮아지면 한국에서 생산한 물건의 가격이 상대적으로 비싸져, 해외 시장에서 판매가 어려워져요. 이러한 상황은 **수출** 감소로 이어져 경제에 부정적인 영향을 미쳐요. 특히 일본과 경쟁 중인 자동차, 기계, 전자 제품과 같은 주요 수출 품목의 경우 상대적으로 비싸져 판매에 어려움을 겪게 돼요.

또한, 파프리카와 전복 같은 농수산물은 일본으로 수출을 포기하는 사례가 늘어나고 있어요. 기존 가격으로 판매하더라도 실제 이익이 줄어들기 때문이에요.

앞으로 엔저 현상이 계속되더라도 우리나라 상품을 잘 판매하기 위해서는 더 많은 연구 개발이 필요해요.

✎ 어휘 풀이

* **환율** 외국 돈과 우리 돈을 바꿀 때 적용되는 교환 비율.
* **슈퍼 엔저** 엔화 가치가 매우 낮은 상태.
* **비율** 어떤 것과 다른 것의 크기가 얼마나 차이가 나는지를 비교하는 방법.
* **수출** 국내의 상품이나 기술을 외국으로 팔아 내보내는 것.

내용체크

1. 빈칸에 들어갈 말을 본문에서 찾아 쓰세요.

- 최근 일본의 ☐☐☐☐ 현상으로 인해 일본 제품 가격이 상대적으로 저렴해져 많은 사람이 일본 여행을 떠나고 있다.
- 일본 화폐 가치의 하락으로 인하여 ☐☐이 감소해 우리나라 경제에 좋지 않은 영향을 주었다.

2. 글의 내용과 일치하면 O, 다르면 X 하세요.

- 엔저 현상은 환율 변동이 한 나라의 경제에 미치는 영향력이 얼마나 큰지를 보여 준다. ·· ( )
- 우리나라 돈을 다른 나라 돈으로 바꾸는 것을 환율이라고 한다. ········ ( )

3. 엔저 현상이 우리나라 경제에 미치는 영향 중 옳지 <u>않은</u> 것을 고르세요.
·· ( )

① 일본으로 여행 가는 여행객 증가
② 우리나라 제품의 해외 경쟁력 강화
③ 일본으로 보내는 농수산물의 수출 포기
④ 우리나라 기업들의 일본 투자 증가

4. 우리나라에서 1만 원을 다른 나라 화폐로 환전할 때, 해당 나라의 환율을 참고하여 얼마의 금액으로 바꿀 수 있는지를 조사해 보세요.

....

....

28   1. 수퍼 엔저, 수출 / 2. O, X / 3. ②

여러분이 좋아하는 햄버거와 관련된 경제 용어가 있는데, 들어 본 적이 있나요? 바로 '빅맥 지수'예요.

 빅맥 지수요? 햄버거를 가지고 뭘 측정하는 건가요?

빅맥 지수는 글로벌 햄버거 체인 회사가 각국 매장에서 판매하는 빅맥 가격을 미국 달러로 바꾼 지수를 말해요. 해당 국가의 통화 가치, 환율 등을 파악할 때 쓰이죠.

 우리나라 빅맥 지수가 궁금해요.

좋은 질문이에요. 지난달 발표한 우리나라의 빅맥 지수는 3.5달러였어요. 그 전의 빅맥 지수는 3.82달러였고, 2021년에는 4달러였어요. 한국 빅맥 지수가 아시아에서 여섯 번째로 높은 것으로 나타났어요.

 우리나라 빅맥 지수는 왜 점점 떨어진 건가요?

최근 무섭게 올라간 원·달러 환율 때문이에요. 달러 대비 원화 가치가 떨어지다 보니 적은 달러로도 우리나라에서 빅맥을 사 먹을 수 있게 된 것이죠.

 달러를 사용하는 외국인들은 좋겠어요. 한국에 오면 싸게 햄버거 먹을 수 있잖아요.

29

사과는 어쩌다 금사과가 되었나

　최근 과일과 채소 가격이 가파르게 올라 가정 경제에 비상이 걸렸어요. 정부가 가격을 안정시키기 위해 노력하고 있지만 사과 가격은 1년 전보다 120%나 올랐어요. 도대체 왜 사과값이 이렇게 급등한 걸까요?

　그 이유는 바로 <u>수요</u>와 <u>공급</u>의 **불균형** 때문이에요. 사과에 대한 소비자들의 수요가 급증하고 있지만, 생산량이 감소하면서 가격 상승으로 이어지고 있어요. 사과는 우리 식탁에서 흔히 볼 수 있는 과일로 수요가 많아요. 건강에 관한 관심이 높아지면서 사과를 찾는 사람들이 더욱 많아진 것도 수요 증가의 한 원인이에요.

　반면 공급은 크게 줄어들었어요. 여름철 집중 호우와 태풍으로 사과 생산량이 30% 이상 감소했기 때문이에요.

수요가 많고 공급이 적으면 가격이 올라가고, 반대로 수요가 적고 공급이 많으면 가격이 내려가요. 수요는 많은데 공급이 줄어들면서 사과 가격이 올라 금사과가 된 거예요.

수요가 많아서 물건 가격이 올랐을 때는 가격이 안정되길 기다리거나 다른 **대체** 상품을 찾는 것이 좋아요. 꼭 필요한 물건이 아니라면 당장 그 물건을 사고 싶은 마음이 들더라도 가격이 변하는 것을 지켜보세요. 사고 싶은 물건을 대체할 수 있는 다른 대안을 찾기 위해 노력한다면 더 현명한 소비를 할 수 있어요.

✎ 어휘 풀이

* **수요** 어떤 물건을 일정한 가격으로 사려고 하는 욕구.
* **공급** 요구나 필요에 따라 물품 등을 제공하는 것.
* **불균형** 한편으로 치우쳐서 고르지 않은 상태.
* **대체** 다른 것으로 대신함.

1. <보기>를 보고 빈칸에 알맞은 낱말을 채워 보세요.

보기

수요 공급

- 물건을 일정한 가격에 구매하고자 하는 욕구를 ⬭(이)라고 한다.
- 우리가 사는 물건의 가격은 수요와 ⬭에 따라 결정된다.

2. 글의 내용과 일치하면 O, 다르면 X 하세요.

- 수요량이 줄어들고, 공급량이 늘어나면 가격이 내려간다. ················ ( )
- 수요 공급의 불균형이 생기면 가격이 안정된다. ······························ ( )

3. 글의 내용과 일치하지 <u>않는</u> 설명을 고르세요. ····························· ( )

① 시장 균형 상태에서는 수요량과 공급량이 대체로 일치한다.
② 가격은 변화하지 않고 항상 일정하게 유지된다.
③ 수요와 공급의 불균형으로 인해 사과값이 올랐다.
④ 수요가 많아서 물건의 가격이 올랐을 때는 가격이 안정되길 기다린다.

4. 최근에 비싸진 물건이나 싸진 물건을 하나 생각해 보고, 그 이유가 뭘까 생각해 적어 보세요.

....

....

정답 : 1. 수요, 공급 / 2. O, X / 3. ②

경제 톡 톡 베블런 효과

혹시 '베블런 효과'라고 들어 봤나요?

배, 배부른 효과요? 처음 들어요.

베블런 효과는 이 효과를 처음 주장한 경제학자 베블런의 이름에서 가져왔어요. 보통 물건 가격이 비싸지면 원하는 사람이 줄어들어요. 그런데 베블런 효과는 이와 반대되는 현상을 보여요. 즉 상품 가격이 올라갈수록 사람들이 더 많이 구매하는 현상을 말해요.

왜 그런 일이 생기는 거예요? 비싼 상품을 사고 자기가 부자라고 뽐내고 싶어서 그런 걸까요?

맞아요! 그래서 어떤 기업들은 고급 이미지를 만들기 위해 가격을 절대 내리지 않고 할인도 하지 않는 프리미엄 정책을 써요. 적게 팔더라도 비싸게 팔아서 수익을 극대화하는 것이 목표지요.

매년 명품 가방 가격이 올라도 사람들이 더 많이 사고 싶어 하는 것도 베블런 효과 때문이군요. 그럼 저는 과시하는 소비는 하지 않을 거예요.

맞아요! 우리는 이런 기업의 마케팅에 휘둘리지 말고 자신의 진정한 가치를 보여 주는 것이 무엇인지에 대해 고민해 봐야 해요.

K-푸드가 미국 밥상을 점령했대요

최근 미국 식품 **시장**에서 한국의 김밥이 뜨거운 인기를 얻고 있어
요. 김밥의 인기는 단순히 맛뿐만 아니라 건강식으로서의 장점도 있
기 때문이에요. 한입에 먹기 좋으면서도 영양가가 높은 김밥은 바쁜
일상을 보내는 현대인들이 건강하고 간편하게 즐길 수 있는 음식이
에요.

또한, 미국인의 입맛에 맞는 다양한 재료와 맛으로 **소비자**들의 입
맛을 사로잡고 있어요. 김밥은 미국 시장에서 하나의 재화로서 가치
를 인정받아 거래량이 꾸준히 증가하고 있어요.

김밥이 K-푸드 열풍의 중심이 되자, 일부 매장에서는 한국 문화를
경험할 수 있는 **서비스**를 제공하기 시작했어요. 김밥 만드는 과정을

직접 보여 주는 '오픈 키친' 형태를 도입해, 보는 즐거움까지 더하고 있어요. 이는 김밥이 미국 시장에서 단순한 음식이 아닌 한국 문화를 체험하는 서비스로 소비되고 있음을 보여 줘요.

김밥 전문점뿐만 아니라 대형 마트, 편의점 등 다양한 곳에서 김밥을 판매하며 시장 규모를 확대하고 있어요. 다양한 서비스를 제공하기 위해 김밥을 활용한 메뉴 개발도 활발하게 이루어지고 있어요.

김밥의 성공은 한국 음식의 세계화 가능성을 보여 주었어요. 앞으로 더 다양한 한국 음식이 미국 시장에서 성공적으로 자리 잡을 것으로 기대돼요.

✎ 어휘 풀이

* **재화** 사람이 원하는 것을 충족시키는 물건 또는 돈이나 값나가는 물건.
* **시장** 재화나 서비스의 거래가 이루어지는 장소.
* **소비자** 재화나 서비스를 구매하여 사용하거나 소비하는 사람.
* **서비스** 사람들이 필요로 하는 것을 돕거나 제공해 주는 모든 활동.

1. 이 글의 주제를 가장 잘 나타내는 것을 고르세요. ·························· (   )

① 김밥의 제조 과정

② K-푸드 열풍과 김밥의 성공

③ 한국 음식의 칼로리

④ 김밥의 가격 변동

2. 글의 내용과 일치하면 O, 다르면 X 하세요.

• 김밥은 미국에서 재화로서 가치를 인정받아 거래량이 꾸준히 증가하고 있다.

·· (   )

• 김밥의 성공은 다른 한국 음식들의 미국 시장 진출 가능성을 높여 주었다.

·· (   )

3. 미국에서 김밥이 인기를 얻은 이유로 옳지 <u>않은</u> 것을 고르세요. ···· (   )

① 건강하고 간편하게 즐길 수 있다.

② 다양한 재료와 맛으로 미국인의 입맛을 사로잡았다.

③ 한국 문화를 체험할 기회를 제공한다.

④ 김밥 전문점에서만 판매하여 희소성이 높다.

4. 김밥 외에 다른 어떤 한국 음식으로 미국 소비자의 입맛을 사로잡을 수 있을까요? 그 이유도 함께 써 보세요.

1.②/2.O,O/3.④

 # 마트보다 백화점이 비싼 이유

똑같은 물건인데 마트보다 백화점에서 더 비싸게 팔리는 경우를 본 적이 있나요? 왜 그런 걸까요?

백화점이 더 멋있어서 그런가요?

맞아요. 백화점은 깨끗하고 멋진 공간에서 쇼핑할 수 있고 직원들이 친절하게 설명도 해 줘요. 이런 것들을 '서비스'라고 해요. 백화점은 이런 서비스를 통해 상품의 가치를 높이는 거예요.

그럼 마트는 왜 싼 거예요?

마트는 '가성비'가 중요해요. 셀프서비스를 통해 운영 비용을 줄이고 대량으로 물건을 사서 싸게 파는 거예요.

아하! 그럼 백화점과 마트 중 어디가 더 좋은 건가요?

둘 다 장단점이 있어요. 백화점은 좋은 서비스를 받으며 쇼핑하고 싶을 때, 마트는 저렴하게 물건을 사고 싶을 때 좋겠지요?

그럼 선생님은 어디를 더 좋아하세요?

음, 선생님은 월급날에는 백화점, 평소에는 마트를 가는 편이랍니다!

최저 임금 1만 원 시대, 반응은 엇갈려

2025년도 <u>최저 임금</u>이 10,030원으로 결정되면서 아르바이트 시장에 찬바람이 불고 있어요. 최저 임금 **인상**이 저임금 노동자들의 생활 안정을 위한 중요한 정책으로 평가받고 있지만, 그로 인해 일자리 시장에 미치는 영향에 대한 우려도 커지고 있어요.

아르바이트를 많이 하는 **MZ 세대**들은 최저 임금 인상은 환영하는 반면, 일자리 찾기가 더욱 어려워졌다고 말하고 있어요. 이들은 최저 임금이 오르더라도 일자리가 부족하면 의미가 없다고 느끼며 불안감을 표현하고 있어요.

최저 임금 인상은 **저임금** 노동자들의 생활 안정을 위한 중요한 정책이에요. 하지만 몇몇 사람들은 최저 임금을 올리면 일자리가 줄어들 수 있다고 걱정하고 있어요. 특히 경제 상황이 좋지 않은 작은 가게의 사장님들은 **인건비** 증가로 인해 직원 채용을 꺼리고 있어요. 가게 운영에 더 큰 부담을 줄 수 있기 때문이에요.

그렇다면 정부에서는 일자리 감소라는 부작용을 최소화하기 위해 어떻게 해야 할까요?

정부는 최저 임금 인상에 따라 작은 가게를 제도적으로 더 많이 지원해야 해요. 또한, 젊은 세대를 더 많이 채용하기 위해 노력하는 기업에는 혜택을 줄 수도 있어요. 최저 임금 인상은 '소득 증대 ➜ 소비 증가 ➜ 경제 활성화'라는 순서로 모두가 함께 잘사는 사회를 만드는 데 도움이 돼요.

✎ 어휘 풀이

* **최저 임금** 근로자에게 그 아래로 지급하여서는 안 된다고 정한 임금의 액수.
* **인상** 가격이 올라가는 것.
* **MZ 세대** 1980년대 초반부터 2012년 사이에 태어난 세대.
* **저임금** 낮은 수준의 임금.
* **인건비** 노동에 대한 대가로 지급하는 돈.

내 용 체 크

1. 빈칸에 들어갈 알맞은 말을 고르세요.

> 사람들은 최저 임금이 인상되면 ( )이(가) 줄어들 수 있다고
> 우려하고 있다.

① 소비   ② 임금

③ 일자리   ④ 세금

2. 빈칸에 들어갈 말을 본문에서 찾아 쓰세요.

> **📌 최저 임금 인상이 경제에 미치는 긍정적 영향**
>
> 최저 임금 인상은 경제에 긍정적인 영향을 미칠 수 있다. 근로자의
> ☐☐이(가) 증가하게 되고, 이는 소비의 ☐☐(으)로 이어진
> 다. 결과적으로 이러한 변화는 ☐☐☐☐☐(으)로 연결되
> 어 경제 전반에 활력을 불어넣을 수 있다. 따라서 최저 임금 인상
> 은 단순히 근로자의 소득을 높이는 것뿐만 아니라 경제 성장에도
> 중요한 역할을 할 수 있다.

3. 여러분은 최저 임금 인상에 대해 어떻게 생각하나요? 찬성 또는 반대 입장을 선택하고, 그 이유를 써 보세요.

나는 최저 임금 인상에 (찬성 / 반대)한다. 왜냐하면

_____

_____

_____

가격 하한제와 가격 상한제

 혹시 가격 하한제와 가격 상한제에 대해 들어 본 적이 있나요?

 둘 다 정부가 가격을 규제하는 정책이라는 건 알겠는데, 언제 어떤 정책을 쓰는 건지 잘 모르겠어요.

 가격 상한제는 정부가 특정 상품이나 서비스의 가격이 일정 수준 이상으로 올라가지 못하게 하는 거예요. 반대로 가격 하한제는 가격이 일정 수준 아래로 떨어지지 않도록 하는 거고요. 앞에서 말한 최저 임금 제도가 가격 하한제에 속해요.

 아, 그러니까 가격 상한제는 가격을 위에서 막는 거고, 가격 하한제는 가격을 아래에서 막는 거군요!

 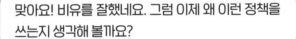 맞아요! 비유를 잘했네요. 그럼 이제 왜 이런 정책을 쓰는지 생각해 볼까요?

 가격 상한제는 물가가 너무 올라서 사람들이 힘들어할 때 쓰는 거 같아요.

 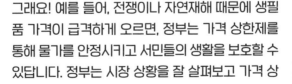 그래요! 예를 들어, 전쟁이나 자연재해 때문에 생필품 가격이 급격하게 오르면, 정부는 가격 상한제를 통해 물가를 안정시키고 서민들의 생활을 보호할 수 있답니다. 정부는 시장 상황을 잘 살펴보고 가격 상한제와 가격 하한제를 적절히 활용해야 해요.

손흥민 선수의 '억' 소리 나는 연봉, 한국 경제에 도움 될까?

© 문화체육관광부

전 세계 축구 팬들을 열광시키는 대한민국 축구 국가대표 팀의 주장, 손흥민 선수의 2024년도 **연봉**이 약 180억 원이라고 알려졌어요. 그런데 손흥민 선수가 엄청난 돈을 벌면 우리나라도 더 부자가 되는 건지 궁금하지 않나요?

한 국가의 경제적 성공을 평가하는 방법에는 여러 가지가 있는데 그중 하나가 GDP예요. GDP는 한 나라에서 1년 동안 생산된 모든 물건과 서비스의 가치를 합한 금액을 의미해요. 일반적으로 GDP가 높을수록 그 나라의 경제가 튼튼하고 **부유**하다고 볼 수 있어요. GDP는 마치 사람의 체온처럼, 나라 경제의 건강 상태를 한눈에 보여 주는 '체온계'와 같은 역할을 해요.

하지만 안타깝게도 손흥민 선수의 연봉은 우리나라 GDP에 포함되지 않아요. 그 이유는 손흥민 선수가 영국 프리미어 리그에서 뛰고 있으며, 연봉도 영국 구단으로부터 받기 때문이에요. GDP는 국내에서 발생한 경제 활동만을 계산하기 때문에 해외에서 벌어들인 소득은 포함되지 않아요.

그렇다고 해서 손흥민 선수의 연봉이 경제에 아무런 영향을 미치지 않는 것은 아니에요. 손흥민 선수의 활약은 대한민국의 브랜드 가치를 높이고 긍정적인 이미지를 심어 주는 '**무형**의 가치'를 창출하고 있어요.

✎ 어휘 풀이

* **GDP** 국내 총생산(Gross Domestic Product)의 줄임말로, 일정 기간 한 나라 안에서 생산된 모든 최종 재화와 서비스의 시장 가치를 합한 것.
* **연봉** 한 직장에서 계속 일하는 사람이 1년 동안 정기적으로 받는 모든 급여를 합한 금액.
* **부유** 풍족한 재산이나 자산을 소유한 상태.
* **무형** 형태나 모습이 없는 것, 즉 눈으로 보거나 만질 수 없는 것.

내 용 체 크

1. 이 글의 주제를 가장 잘 나타내는 것을 고르세요. .... (　　)

① 손흥민 선수의 개인적인 성과

② GDP의 정의와 중요성

③ 한국 축구의 미래

④ 해외에서 경제 활동 하는 방법

2. 빈칸에 들어갈 말을 본문에서 찾아 쓰세요.

대한민국의 유명한 K-POP 아이돌 그룹들이 전 세계에서 큰 인기를 끌고 있다. 이들의 음악과 퍼포먼스는 많은 팬에게 사랑받고 있으며, 한국 문화를 알리는 데 중요한 역할을 하고 있다. 하지만 이들의 해외 활동으로 인한 수익은 한국의 ⬚⬚⬚에 포함되지 않는다. 하지만 아이돌 그룹의 인기는 대한민국의 브랜드 가치를 높이고 긍정적인 이미지를 심어 주는 ⬚⬚⬚⬚⬚를 창출하고 있다.

3. 1960년과 2020년 대한민국의 GDP는 어떻게 변화했을까요? 인터넷을 활용해 조사해 보세요.

....

....

....

혹시 GNI라는 말을 들어 보았나요?

GDP는 들어 보았는데 GNI는 처음 들어 봤어요. G라는 글자가 들어가는 게 똑같은 걸 보니 비슷한 뜻일 것 같아요.

GDP는 국내에서 얼마나 많은 생산 활동이 이루어졌는지를 보여 줘요. 하지만 GNI는 해외에서 일하는 한국인의 소득은 포함되고 국내에서 일하는 외국인의 소득은 제외된답니다.

GNI도 GDP처럼 영어 줄임말인가요?

좋은 질문이에요. GNI는 Gross National Income의 줄임말로, 쉽게 말하면 우리나라 사람들이 1년 동안 벌어들인 돈을 합한 거예요. 해외에 거주하는 국민이 얻은 소득은 GDP에는 포함되지 않지만, GNI에는 포함된다는 게 다른 점이지요. 2023년에는 우리나라 1인당 국민 총소득, 즉 1인당 GNI가 3만 3천 달러(한화 약 4천 7백만 원)를 넘어섰대요.

우아! 3만 3천 달러면… 치킨을 몇 마리나 먹을 수 있는 거예요?

지금 그게 문제가 아니잖아! 나의 최애, 블랙핑크와 BTS 덕분에 GNI가 높아진 거군요. 저도 오늘부터 당장, 우주 대스타가 되기 위해 춤 연습을 시작할래요!

2장

****

돈을 현명하게
써 보자

****

선배, 탕후루 말고 요거트 아이스크림 사 주세요

2023년 탕후루에 이어 2024년에는 요거트 아이스크림이 큰 인기를 끌고 있어요. 생과일, 시리얼, 벌꿀 등 토핑을 **취향**대로 올려 맛을 더하는 요거트 아이스크림은 새콤달콤하고 다양한 맛으로 많은 사람에게 사랑받고 있죠.

요거트 아이스크림이 큰 인기를 끈 데는 유명한 사람들의 역할이 컸어요. 유명한 사람들이 선보인 토핑 조합 레시피가 SNS에서 높은 관심을 받았거든요. 이렇게 유명한 사람들이 특정한 제품을 먹거나 사용하는 모습을 보여 주면서 소비로 끌어당기는 걸 <u>동조 소비</u>라고 해요.

유명한 사람들은 대중에게 **영향력**이 커요. 그래서 잘 알려진 사람이 요거트 아이스크림 먹는 모습을 보면, 사람들은 따라 먹어 보고 싶어 해요. 기업들은 이런 사람들의 마음을 이용해서 상품을 널리 알리는 **전략**을 써요.

하지만 동조 소비가 비합리적인 소비를 부추긴다는 의견도 있어요. 평소에 관심을 두었던 유명한 사람들이 언급하거나 홍보하는 제품을 보면 충동적으로 소비하거나, 필요하지 않은 지출을 할 수 있기 때문이에요. 무언가를 사기로 할 때는 다른 사람들이 좋다고 해서 사는 게 아니라, 내가 정말 좋아하는 것인지, 나에게 꼭 필요한 것인지 생각해 보는 것이 중요해요.

✐ 어휘 풀이

* **동조 소비** 내가 좋아하는 사람, SNS를 따라 소비하는 것. 디토(Ditto) 소비라고도 하는데, 디토는 라틴어로 '마찬가지', '나도'라는 뜻.
* **취향** 어떤 것에 대해 좋아하거나 즐겨서 쏠리는 마음.
* **영향력** 어떤 사람이나 사물이 다른 사람이나 사물에 큰 힘을 주어 변화를 일으키는 힘.
* **전략** 어떤 일을 잘 해내기 위해 미리 계획하고 실행하는 방법.

내 용 체 크

1. <보기>를 보고 빈칸에 알맞은 낱말을 채워 보세요.

<보기>

| 취향 | 영향력 | 전략 |

- SNS는 사람들에게 큰 ⬭을 주고 있다.
- 사촌 언니는 매운 음식이 ⬭이라 마라탕을 즐겨 먹는다.
- 축구 팀은 오늘 경기에서 승리하기 위해 철저한 ⬭을 준비했다고 한다.

2. 글의 내용과 일치하면 ○, 다르면 X 하세요.

- '요거트 아이스크림'처럼 인기가 많았던 메뉴는 이전에는 없었다. ······· (   )
- 기업들은 유명한 사람들의 영향력을 적극적으로 활용한다. ················ (   )

3. 이 글의 중심 낱말을 괄호에서 찾아 ○표 하세요.

(요거트 아이스크림 / 탕후루)은(는) 내 맘대로 토핑을 얹어 먹는 새콤달콤하고 예쁜 디저트로, SNS에서 유명한 사람들이 먹어서 더 인기가 있어요. 이렇게 다른 사람들을 따라 하는 소비를 (동조 소비 / 추천 소비)라고 해요.

4. 다른 사람들을 따라 샀던 경험이 있나요? 그렇다면 어떤 것을 샀나요?

....

....

50

1. 영향력, 취향, 전략 / 2. X, O / 3. 요거트 아이스크림, 동조 소비

내가 '동조 소비'를 하고 있는지 알아보려면 안 쓰던 서랍을 열어 보세요. 거기에 어떤 물건들이 있나요? 인기가 많고, 유행하는 제품을 '동조 소비'로 구매했지만, 쓸 일이 없어서 서랍 속에 잠들어 있진 않나요?

맞아요! 저도 인기 많았던 캐릭터가 그려진 필통이 있어요. 근데 이제 유행이 지나서 쓰고 싶지 않아요.

그럼 좋아하는 아이돌 때문에 산 물건도 동조 소비예요?

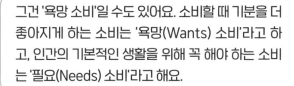

그건 '욕망 소비'일 수도 있어요. 소비할 때 기분을 더 좋아지게 하는 소비는 '욕망(Wants) 소비'라고 하고, 인간의 기본적인 생활을 위해 꼭 해야 하는 소비는 '필요(Needs) 소비'라고 해요.

조금 어려운데, 쉽게 설명해 주세요.

무더운 여름, 목이 말라서 물을 산 것은 '필요 소비'예요. 그런데 200원 더 비싸지만, 내가 좋아하는 아이돌이 그려진 물이 있다면 어떤 물을 살 거예요?

당연히 좋아하는 아이돌이 그려진 물이죠!

그건 '욕망 소비'예요. 좀 더 비싸더라도 물 겉면에 있는 아이돌 그림이 내 기분을 좋게 하니까 기꺼이 사게 되는 거죠.

2036년 서울 올림픽이 열린다면?

2024년 파리 올림픽이 성공적으로 끝났어요. 국제 올림픽 위원회 (IOC)에 따르면 2036년 올림픽 **유치** 경쟁이 뜨겁게 달아오르는 중이라고 해요. 대한민국 서울도 **유력**한 후보 도시라서 국내의 기대감도 높아지고 있죠.

올림픽을 개최하면 세계적으로 도시를 알리고 관광 수익을 늘릴 수 있어서 좋은 점이 많아요. 하지만 올림픽 유치에 따른 비용과 환경 문제 등 부작용에 대한 걱정도 있어요. 올림픽 개최를 위해 필요한 **막대한** 예산은 다른 분야의 투자를 줄여야 하는 <u>기회비용</u>을 발생시켜요. 이는 국가 경제에 부담이 될 수 있지요.

기회비용은 어떤 한 가지를 선택함으로써 포기해야 하는 다른 것들의 값어치를 말해요. 올림픽 유치와 같은 큰 결정뿐만 아니라, 우리는 매일 선택의 순간을 마주해요. 아침에 일찍 일어날지 늦잠을 잘지, 숙제를 언제 할지, 무엇을 먹을지와 같은 사소한 선택에도 기회비용이 생겨요. 자원은 **한정**되어 있어서 하고 싶은 것을 다 할 수는 없으므로 선택은 필수예요.

　하지만 모든 선택이 항상 최선의 결과를 가져오는 건 아니에요. 올림픽 개최 도시 중 일부는 예상하지 못한 어려움을 겪기도 했어요. 따라서 기회비용을 고려하고, 얻을 수 있는 만족도가 더 크다고 여겨지는 선택을 해야 합리적인 결정을 내릴 수 있어요.

✎ 어휘 풀이

* **기회비용** 어떤 품목의 생산 비용을 그것 때문에 포기한 품목의 가격으로 계산한 것.
* **유치** 행사나 사업을 끌어들임.
* **유력** 가능성이 큼.
* **막대한** 더할 수 없을 만큼 많거나 큼.
* **한정** 수나 양을 정하는 것. 또는 그런 한도.

1. <보기>를 보고 빈칸에 알맞은 낱말을 채워 보세요.

보기

유치   유력   한정

• 비가 올 가능성은 적지만, ⬭한 상황이다.

• 우리가 사용할 수 있는 자원은 ⬭되어 있기 때문에 선택과 집중이 필요하다.

• 축제를 개최하면 많은 관광객을 ⬭할 수 있다.

2. 글의 내용과 일치하면 O, 다르면 X 하세요.

• 사람들이 매일 하는 작은 선택에도 기회비용이 생긴다. ……………… (   )

• 올림픽 개최는 항상 국가 경제에 좋은 영향을 미친다. ……………… (   )

3. 기회비용에 대한 설명으로 옳은 것을 고르세요. ……………… (   )

① 어떤 선택을 해서 포기한 것의 가치

② 어떤 선택을 해서 얻을 수 있는 이익

③ 어떤 선택을 해서 생기는 추가적인 비용

④ 어떤 선택을 해서 얻을 수 있는 만족도

4. 용돈을 받으면 가장 먼저 하고 싶은 일은 무엇인가요? 만약 그걸 먼저 한다면 못 하게 되는 일은 무엇인지도 써 보세요.

가장 먼저 하고 싶은 일

위의 선택 때문에 못 하게 되는 일

경제톡톡 ⁺ 매몰 비용

 선생님, 어제 영화를 보았는데 너무 재미가 없었어요. 그렇지만 이미 낸 티켓값이 아까워서 끝까지 보고 나왔어요.

유나는 만약 영화가 재미없다면 어떻게 할 거예요? 시우처럼 끝까지 보고 나올 건가요?

 저는 그냥 나올래요. 재미도 없는데 꾸역꾸역 앉아 있는 시간이 더 아까워요.

경제학적으로는 유나의 생각이 더 합리적인 선택이라고 봐요. 영화 티켓값은 영화가 재밌든, 재미가 없든 내게 다시 돌아오지 않기 때문이죠. 이걸 '매몰 비용'이라고 하는데, 엎질러진 물처럼 다시 주워 담을 수 없는 비용이라는 뜻이에요.

 '매몰'이라는 말이 좀 어려워요.

다른 예로, 오랫동안 해 왔던 게임이 있는데 이미 흥미를 잃었지만, 그동안 들인 시간이 아까워서 계속하게 되는 경우도 있어요.

 저도 그래요. 여태까지 캐릭터 꾸민 비용이 아까워서 게임을 계속하고 있어요.

아깝지만 이젠 그 게임을 놓아줄 때가 된 것 같네요.

내가 사 입은 옷 한 벌이 지구를 아프게 해요

　멋쟁이들의 나라 프랑스에서는 입던 옷을 고쳐 입으면 나라가 돈을 준대요. 왜 돈을 줄까요?

　사람들이 옷을 자주 버리면 지구가 아프기 때문이에요. 특히 유행 따라 잠깐 입고 버리는 패스트 패션이 **대세**가 되면서 지구에 쓰레기가 넘쳐 나고 있어요. 전 세계적으로 매년 천억 벌의 옷이 만들어지고, 1초에 2.6톤의 옷이 버려진다고 해요. 2.6톤은 쓰레기차 한 대를 꽉 채우는 양이지요.

　이에 맞서 슬로 패션이 등장했어요. 슬로 패션은 질 좋은 **소재**와 유행 타지 않는 디자인으로 옷을 오래 입는 것을 중요하게 여겨요. 옷을 만들 때부터 환경을 생각하는 거예요.

자신에게 잘 어울리는 옷을 신중하게 고르고, 소중히 다루어 오래 입으면 슬로 패션을 실천할 수 있어요. 입지 않는 옷은 다른 사람에게 나눠 주거나 중고로 팔고, 새 옷을 구매할 때는 환경을 생각하는 브랜드의 옷을 입는 것도 슬로 패션을 **실천**하는 방법이에요.

슬로 패션은 단순히 옷을 입는 것보다 더 큰 의미가 있어요. 좋아하는 옷을 입으면서도 환경 보호를 실천하면서 사람들과 좋은 영향을 주고받을 수 있거든요.

슬로 패션을 중요하게 생각하는 소비자들이 많아지면 기업들도 환경을 생각하는 제품을 더 많이 만들 거예요.

✎ 어휘 풀이

* **슬로 패션** 환경에는 적은 영향을 미치면서 품질이 좋은 옷을 만들고 사들이는 활동.
* **대세** 지금 가장 유행하거나 인기 있는 것.
* **소재** 어떤 것을 만드는 주요 재료.
* **실천** 생각을 행동으로 옮기는 것.

1. <보기>를 보고 빈칸에 알맞은 낱말을 채워 보세요.

┌─── 보기 ───┐

　　소재　　　　　대세　　　　　실천

- (　　　　) 디저트인 두바이 초콜릿을 사려면 오래 기다려야 한다.
- 오늘 내가 본 영화의 (　　　　)은(는) 시간 여행이다.
- 여름 방학 계획을 세웠지만, (　　　　)이(가) 어려워 고민이다.

2. 글의 내용과 일치하면 ○, 다르면 X 하세요.

- 우리나라에서는 옷을 새로 사는 사람에게 돈을 준다. ················ (　　)
- 환경 오염을 막기 위해 탄생한 패스트 패션이 나날이 인기를 더하고 있다.
　·· (　　)

3. 앞의 글과 관련하여 알맞은 낱말을 선택하여 ○표 하세요.

┌──┐
│ ○ 프랑스에서는 옷을 (버리면 / 고쳐 입으면) 돈을 준다고 해요.
│ ○ 이것은 옷을 자주 버려 환경이 오염되는 문제를 해결하고 오래 입을
│ ○ 수 있는 옷을 만들자는 (패스트 패션 / 슬로 패션)을 널리 부추
│ ○ 기려는 노력이에요.
└──┘

4. 매년 옷을 몇 벌 정도 사고 있나요? 혹시 옷을 오래 입기 위해 했던 행동들
이 있다면 적어 보세요.

 경제 톡 톡 **립스틱 · 넥타이 효과**

립스틱과 넥타이의 판매량을 보고 경제 상황을 예측할 수 있대요. 경제 상황이 안 좋으면 넥타이나 립스틱 판매가 늘어나는데 이걸 '립스틱 효과' 또는 '넥타이 효과'라고 불러요.

 경제 상황이 나쁜데 왜 사람들이 넥타이나 립스틱을 많이 사는 거예요? 돈이 없으면 저는 아무것도 못 살 거 같은데요.

 자동차, 가구, 전자 제품처럼 비싼 물건을 사지 못하는 대신, 립스틱이나 넥타이처럼 더 저렴하고 작은 물건을 사면서 기분을 전환하는 거죠. 사람들은 경제가 어려워도 소비를 통해 행복한 감정을 느끼고 싶어 하니까요.

 아하, 경제 상황이 나쁠 때 사람들은 적은 비용으로 최대한 만족하는 소비를 하려고 하는군요.

 맞아요. 실제로 2008년 금융 위기, 2020년 코로나19로 경제 상황이 안 좋았을 때도 오히려 화장품 판매는 늘어났다고 해요.

 그럼 저는 용돈이 부족할 때 편의점에서 막대 사탕을 사 먹을래요. 막대 사탕이 편의점에서 가장 저렴한 먹거리니까요.

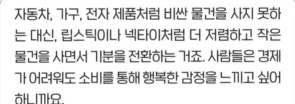

좋아요 댓글 폭탄 속 거짓말, 뒷광고의 실체

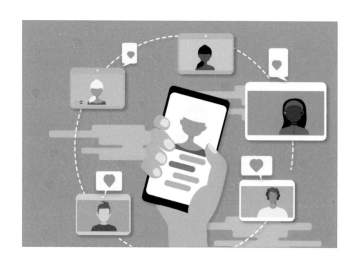

요즘 연예인이나 인플루언서가 SNS에서 물건 **추천**하는 것을 본 적이 있을 거예요. 그런데 그 물건이 정말 좋아서 추천하는 걸까요?

뒷광고는 특정 제품이나 서비스를 **홍보**하면서 광고라는 사실을 숨기고 마치 자신의 경험처럼 이야기하는 걸 말해요. 솔직하고 진실한 느낌을 주지만, 사실은 돈을 받고 하는 광고예요.

뒷광고는 소비자를 **현혹**해서 그 제품을 사도록 만들어요. 사람들이 사용해 보고 정말 좋았던 제품이라고 믿고 구매했는데, 실제로는 그렇지 않을 수 있어요. 뒷광고 때문에 오히려 정직한 회사는 억울한 일을 겪기도 해요. 좋은 제품이 아닌데도 뒷광고를 하는 회사의 제품에 사람들이 더 몰릴 수 있거든요.

'한 알만 먹으면 키가 쑥쑥 커요.'나 '매일 마시면 살이 쏙 빠져요.' 같은 광고 내용도 문제예요. 효과를 너무 부풀려 말하는 **허위 과장 광고**는 사실이 아닐 가능성이 커요.

뒷광고나 허위 과장 광고를 완전히 없애기는 불가능해요. 나쁜 광고를 하면 사람들에게 상품을 더 많이 팔 수 있는데, 이렇게 얻는 이득에 비해 처벌이 너무 약하거든요. 소비자들은 다른 사람들의 후기나 제품에 대한 다양한 정보를 찾아보며 나쁜 광고에 속지 않도록 조심해야 해요.

🖉 어휘 풀이

* **뒷광고** 광고임을 숨기고 제품이나 서비스를 알리는 광고.
* **허위 과장 광고** 사실이 아니거나, 사실을 너무 부풀려 소비자를 속이는 광고.
* **추천** 어떤 조건에 적합한 대상을 책임지고 소개함.
* **홍보** 널리 알림.
* **현혹** 정신을 빼앗아 어떻게 할지를 잊어버리게 함.

내 용 체 크

1. <보기>를 보고 빈칸에 알맞은 낱말을 채워 보세요.

보기

홍보   추천   현혹

- 맛집 앱에서 ⟨⟩한 이 식당은 믿고 방문할 수 있다.
- 새로운 스마트폰 출시를 앞두고, 회사는 대대적인 ⟨⟩을(를) 하고 있다.
- 장난감에 ⟨⟩된 아이들이 매장 앞을 떠나지 못했다.

2. 글의 내용과 일치하면 O, 다르면 X 하세요.

- SNS에서 사람들은 진짜 써 본 제품에 대해서만 말한다. ·············· ( )
- 처벌이 엄해, 허위 과장 광고나 뒷광고는 완전히 없앨 수 있다. ········· ( )

3. 뒷광고에 대한 설명으로 가장 적절한 것을 고르세요. ·················· ( )

① 광고임을 숨기고 제품을 홍보하는 광고
② 제품의 단점은 숨기고 장점만 보여 주는 광고
③ 유명한 사람이 직접 제품을 만드는 모습이 들어간 광고
④ 자신의 경험을 바탕으로 진솔하게 제품을 추천하는 광고

4. 광고를 보고 제품을 산 적이 있나요? 왜 구매하고 싶은 마음이 들었나요?

....

....

인터넷에서 어떤 물건을 추천하는 글을 보면 꼼꼼히 살펴봐야 해요. 광고 글이라면 꼭 표시하게 법으로 정했거든요. 만약 광고라는 걸 밝히지 않았다면 광고를 요청한 회사가 벌금을 물게 돼요.

 찾기가 어렵던데, 광고하는 사람들은 어떻게 표시해요?

 글을 꼼꼼히 읽으면 광고 표시를 찾을 수 있을까요?

제목 또는 글 시작 부분에 '이 게시 글은 제품을 받고 쓴 후기입니다.'라고 표시하기도 하고, 인스타그램에서는 '더 보기'에 '#제품 제공'이라고 적기도 해요.

 광고는 도대체 왜 하는 걸까요? 광고 내용을 그대로 믿으면 안 된다고 하니 더 헷갈려요.

아무리 좋은 제품이라도 사람들에게 알리지 않는다면 어떻게 될까요?

 사람들이 모르니까 잘 팔리지 않을 것 같아요.

맞아요. 광고는 제품이나 서비스를 고객에게 알리고 판매하는 중요한 역할을 해요. 하지만 사람들을 속이거나 부풀린 정보를 제공하는 광고도 있으니까 조심해야 해요.

영화부터 장난감까지 별별 구독 시대

매월 정기적으로 돈을 내면 다양한 물건이나 서비스를 이용할 수 있는 <u>구독 경제</u>가 우리 생활에 자리 잡고 있어요. 과거에는 신문, 우유가 전부였는데, 지금은 영화, 드라마, 과자, 장난감, 자동차, 가구까지 안 되는 게 없어요. 구독 경제가 이렇게 널리 퍼진 이유는 무엇일까요?

구독 서비스를 이용하면 소비자는 한 번에 많은 돈을 내지 않아도 원하는 것을 언제든지 쓸 수 있어요. 다양한 상품이나 서비스를 경험하면서 취향에 꼭 맞는 걸 찾는 재미가 있고, 전문가의 **관리**를 받을 수 있어서 편리해요. 기업은 구독료 덕분에 꾸준히 **수입**을 얻을 수 있고 어떤 고객이 무엇을 원하는지 정확히 알게 되죠.

구독 경제는 소비자와 기업 모두에게 이롭지만, 문제점도 있어요. 먼저, 다양한 구독 서비스에 가입하다 보면 필요하지 않은 생길 수 있어요. 또 처음에는 구독료가 저렴하더라도 한두 개 기업이 그 분야를 지배하면 가격을 맘대로 올려서 소비자의 비용 부담이 커지기도 해요.

앞으로도 구독 경제는 계속 인기를 끌 거예요. 소비자는 고르느라 고민할 필요 없이 다양한 서비스를 저렴하게 즐길 수 있고, 기업은 사람들에게 꼭 맞는 맞춤형 서비스를 제공하면서 돈을 벌 수 있기 때문이에요.

구독 경제의 장점을 누리면서도 불필요한 지출을 줄이려면 구독할 때는 신중히 선택하고 필요 없는 서비스는 과감히 **해지**해야 해요.

📎 **어휘 풀이**

* **구독 경제** 정기적으로 돈을 내고 물건이나 서비스를 받는 것. 구독 서비스라고도 함.
* **관리** 물건이나 돈, 서비스를 잘 다루어 정리하고 유지하는 것.
* **수입** 개인이나 국가 등이 합법적으로 받는 돈.
* **해지** 약속이나 관계를 끊어 버리는 것.

1. <보기>를 보고 빈칸에 알맞은 낱말을 채워 보세요.

보기

관리   수입   해지

• 수영을 그만두고 수영장 멤버십을 ⌷⌷⌷⌷⌷하기로 했다.
• 정부는 세금을 걷어서 나라의 ⌷⌷⌷⌷⌷을(를) 늘린다.
• 학교는 학생들이 편안하게 공부할 수 있도록 교실을 ⌷⌷⌷⌷⌷하고 있다.

2. 글의 내용과 일치하면 O, 다르면 X 하세요.

• 구독 경제는 최근에 새로 생겨난 경제 활동이다. ·····················(   )
• 한번 정해진 구독료는 변하지 않는다. ·······························(   )
• 구독 서비스를 이용하다가 해지할 수 있다. ·····················(   )

3. 이 글의 중심 낱말을 괄호에서 찾아 ○표 하세요.

○ (구독 경제 / 공유 경제)는 소비자에게는 다양한 상품과 서비
○ 스를 (저렴하게 / 비싸게) 이용할 수 있는 편리함을, 기업에는
○ 안정적인 수입과 고객 정보를 얻을 수 있다는 이점을 주어 빠르게
○ 성장하고 있습니다.

4. 우리 집에서 이용하고 있는 구독 서비스가 있나요? 이용하고 있는 구독 서비스가 있다면 장점 및 단점을 모두 적어 보세요.

이용하고 있는 구독 서비스

··

장점과 단점

··

경제톡톡 + 구독 경제의 시작

지금은 구독 서비스가 익숙하지만, 처음부터 있던 건 아니에요. 최초의 구독 서비스가 언제, 어디서, 무엇을 구독하면서 시작했는지 생각해 본 적 있나요?

저희 아빠는 종이 신문을 아침마다 배달받으세요. 신문이 생겨났을 때부터 시작된 게 아닐까요?

시우의 생각과 비슷해요. 1617년, 영국의 언어학자 존 맨쉬가 책을 낼 때 구독 서비스가 시작했다고 해요. 당시 구독자는 이름 없는 작가의 후원자 역할을 하기도 했어요. 작가는 책을 내고 싶어도 혼자서는 출판 비용을 감당하기 어려웠으므로, 구독자들이 후원해 주고 그 대가로 정기적으로 출판물을 받았다고 하네요.

작가는 글을 잘 쓰기만 하면 되는 줄 알았는데, 당시 작가는 책을 어떻게 내야 할지도 고민해야 했네요.

맞아요. 구독 서비스 덕분에 많은 출판물이 세상의 빛을 볼 수 있었죠. 구독하기로 한 사람들은 내용에 간섭하지 않고 작가를 믿어 줬거든요. 1600년대 도입된 구독 서비스는 우리가 아는 신문, 잡지, 출판물의 형태로 점차 발전하게 되었답니다.

저희 아빠한테도 구독 서비스의 시작에 관해 이야기해 드려야겠어요. 책에서 시작해서 신문에도 영향을 주었다고요.

혼자서 운영되는 신기한 무인 가게

요즘에는 사람 없이 **운영**되는 가게들이 많이 보여요. 아이스크림 가게부터 애견용품 가게, 네 컷 사진관, 심지어 테니스장, 키즈 카페에도 직원이 없기도 해요.

이런 무인 가게의 성장은 코로나 19 때문에 사람을 직접 만나지 않는 **비대면 소비**가 일상화되면서 빨라졌어요. 사람을 만나지 않으면서, 부담 없이 이용할 수 있다는 점이 소비자들에게 큰 매력으로 다가왔거든요. 어느 카드 회사의 **분석**에 따르면, 무인 가게 수는 5년 전보다 약 4.8배 늘었다고 해요. 이 사실로 미루어 무인 가게의 인기를 실감할 수 있어요.

무인 가게는 보통 24시간 열려 있어서 언제든지 이용할 수 있어

68

요. 고객은 자유롭게 쇼핑하고, 가게 주인은 직원을 **고용**할 비용을 줄여서 물건 가격을 더 낮출 수 있어요.

무인 가게의 문제점도 있어요. 직원이 없어서 누가 물건을 훔쳐 가거나 가게가 더러워져도 바로 알기가 어려워요. 음식을 파는 무인 가게의 경우 음식이 제대로 관리되지 않아서 상하거나 **위생** 문제가 생기기도 해요. 또 긴급한 상황이 생겼을 때 직원이 없어 빠르게 대처하기가 어려워요.

무인 가게는 아직 해결해야 할 문제가 많지만, 편리해서 많은 사람이 이용하고 있어요. 앞으로 기술이 더 발전하면 더 안전한 무인 가게가 많이 생길 거예요.

✎ 어휘 풀이

* **비대면 소비** 소비자와 직원이 만날 필요가 없이 이루어지는 소비.
* **운영** 어떤 일이나 사업체가 잘 돌아가도록 관리하고 책임지는 일.
* **분석** 복잡하고 어려운 것을 작은 조각으로 나누어서 하나하나 살펴봄.
* **고용** 돈이나 물건을 받고 남의 일을 해 줌.
* **위생** 깨끗하게 해서 병에 걸리지 않도록 함.

내 용 체 크

1. <보기>를 보고 빈칸에 알맞은 낱말을 채워 보세요.

보기

운영   분석   고용   위생

- 선생님께서 틀린 문제를 (   )해 주셔서 어디서 착각했는지 알게 되었다.
- 학교에서 감기가 유행할 때는 손을 자주 씻어서 (   )에 신경 써야 한다.
- 회사들은 매년 많은 수의 청년들을 (   )한다.
- 유튜브 채널을 (   )하는 건 노력이 필요하다.

2. 글의 내용과 일치하면 O, 다르면 X 하세요.

- 무인 가게는 5년 전과 비교했을 때 더 줄어들었다. ························· (   )
- 무인 가게는 보통 24시간 운영되어 언제든지 이용할 수 있다. ·········· (   )

3. 무인 가게가 늘어나게 된 이유로 가장 적절한 것을 고르세요. ········ (   )

① 직원을 구하기가 어려워서

② 물건을 싸게 팔기 위해서

③ 사람들이 언제든지 이용하고 싶어 해서

④ 코로나 19 때문에 비대면 소비가 늘어나서

4. 내가 사는 동네에서 무인 가게를 본 적이 있나요? 우리 동네에서 본 무인 가게에서 어떤 물건을 파는지 소개해 보세요.

....

....

70

1. 분석, 위생, 고용, 운영 / 2. X, O / 3. ④

소비 기한과 유통 기한

무인 가게에서 음식물을 살 때는 신선한지, 소비 기한을 넘기지는 않았는지 잘 살펴봐야 해요. 특히 더운 여름철에는 음식물 상태가 나빠져도 바로 처리가 안 되기도 하거든요.

저번에 무인 가게에서 과자를 사 왔는데 소비 기한이 하루 지난 거라서 고민하다가 안 먹었어요. 소비 기한을 넘기면 정말 먹지 말아야 할까요?

소비 기한이 지난 과자를 안 먹은 건 아주 잘했어요. '소비 기한'은 소비자가 안전하게 먹을 수 있는 기간을 의미하거든요. 예전에는 소비자에게 '팔 수 있는' 기간인 '유통 기한'을 표시했지만, 2023년부터는 '소비 기한'을 표시하기 시작했어요.

왜 '소비 기한'으로 표시하게 된 건가요? 저는 유통 기한이 익숙한데 소비 기한으로 바뀌니 헷갈려요.

유나는 유통 기한이 지난 음식은 어떻게 하나요?

음, 고민하다가 보통은 버려요. 왠지 찜찜해서요.

유나처럼 유통 기한이 지난 식품을 먹어도 될지 고민하는 사람들이 많았어요. 소비 기한을 표시하면 그런 고민이 필요 없고, 유통 기한이 지나도 무조건 버리지 않아도 되니 돈을 아낄 수 있죠. 그래서 소비 기한을 도입하기로 한 거예요.

편의점, 당신의 지갑을 노리고 있다!

도시락을 먹으면서 교통 카드도 충전하고, 해열제 같은 약도 살 수 있고, 택배도 보낼 수 있는 장소가 있어요. 바로 편의점이에요. 편의점은 간편한 간식부터 생활에 필요한 다양한 서비스까지 제공하며 우리를 끊임없이 **유혹**해요.

편의점은 특별한 상품으로도 사람들의 마음을 사로잡아요. 대용량 컵라면, 인기 캐릭터 과자, TV 프로그램과 **협업**한 도시락 등 매번 새로운 상품들로 우리의 시선을 끌어요. 그래서 별다른 계획 없이 편의점에 들어섰다가도 <u>충동구매</u>하게 되는 경우도 많아요.

편의점은 상품 **진열** 방식과 판매 전략으로 소비자의 구매 욕구를 자극해요. 상품 진열대에서 소비자가 쉽게 보고 만질 수 있는 위치에는 신제품이나 인기 상품이 모여 있어요. 음료수 냉장고는 매장 안쪽에 있어서, 고객들이 음료를 고르기 위해 이동하는 동안 다른 상품들도 자연스럽게 살펴보게 만들죠. 사면 하나 더 주는 '플러스 원(+1) 행사'는 마치 덤을 받는 것처럼 느껴져서 생각하지 않은 소비를 하게 만들어요.

편의점은 우리의 일상에 편리함을 주지만, 동시에 과소비를 부추길 수 있어요. 소비자들은 충동구매를 막기 위해 미리 필요한 구매 목록을 작성하는 게 좋아요. 또한, 구매 전에는 꼭 필요한 제품인지 다시 한 번 생각해 보기를 추천해요.

✎ 어휘 풀이

* **충동구매** 갑자기 솟아오른 마음에 이끌려 물건을 사는 것.
* **유혹** 꾀어서 정신을 혼미하게 하거나 좋지 아니한 길로 이끎.
* **협업** 두 명 이상의 사람이나 단체가 함께 힘을 모아 일함.
* **진열** 물건을 보기 좋게 펼쳐 놓음.

내용체크

1. <보기>를 보고 빈칸에 알맞은 낱말을 채워 보세요.

보기

| 유혹 | 협업 | 진열 |

• 우리 가게는 신제품을 가장 앞쪽에 (   )해서 사람들의 시선을 사로잡
  는다.

• 달콤한 초콜릿의 (   )을 뿌리치기는 정말 어렵다.

• 디자이너와 개발자의 (   )(으)로 고객에게 친근한 제품을 만들게 되었다.

2. 글의 내용과 일치하면 O, 다르면 X 하세요.

• 편의점에서는 주로 가격이 저렴한 상품을 판매한다. ·························· (   )

• 편의점 상품은 가나다순으로 정리되어 있다. ······························ (   )

3. 편의점 판매 전략에 관한 설명으로 옳지 않은 것을 고르세요. ········· (   )

① 편의점의 판매 전략은 고객의 합리적인 소비를 돕는다.

② 신제품이나 인기 상품을 사람들의 손이 잘 닿는 곳에 둔다.

③ 냉장고를 매장 안쪽에 배치해서 다른 상품도 구경하게 한다.

④ '플러스 원 행사'는 덤처럼 느껴지게 해서 구매를 부추긴다.

**4. 내가 만약 편의점 주인이라면, 매출을 올리기 위해 어떤 판매 전략을 사용
할 수 있을까요? 여러분의 생각을 적어 보세요.**

....

....

단수 가격 전략

40,000원인 제품과 39,900원인 제품의 가격 차이는 겨우 100원이지만, 사람들은 둘의 차이를 훨씬 크게 느껴요. 상품 가격을 정할 때 9,900원처럼 단위를 끊어 사용하는 '단수가격 전략'은 흔히 볼 수 있지요.

편의점에서 990원짜리 아이스크림을 봤어요. 엄청 저렴하다고 생각했는데, 1,000원짜리와 10원밖에 차이가 안 나네요.

그런데 저는 다들 숫자 9를 사용해서 가격을 표시하니까 그렇게 저렴한 것 같지도 않아요. 괜히 속는 느낌이에요.

하하, 시우만 그런 게 아니에요. 소비자들이 9라는 숫자에 너무 익숙해졌거든요. 그래서 기업들은 9보다 더 작은 숫자를 이용해서 가격을 표시하기 시작했어요. 예를 들어 9,900원이 아니라 9,800원으로요.

흠, 여전히 9,900원이나 9,800원이나 비슷해 보여요. 제가 단수가격 전략에 너무 익숙해졌나 봐요.

그래서 1,000원, 2,000원처럼 정확하게 떨어지는 단위를 사용하는 기업들도 늘고 있어요. 소비자의 마음을 사기 위해 기업들은 언제든지 전략을 바꿀 준비가 되어 있답니다.

욜로(YOLO)는 가고 요노(YONO)가 왔어요

최근 요노(YONO) 소비 트렌드가 대세예요. 요노란 'You Only Need One'의 줄임말로 꼭 필요한 것 하나만 사자는 뜻이에요. 한때 '인생은 한 번뿐이니까 지금을 즐기자.'라는 욜로(YOLO - You Only Live Once) 소비가 유행한 것과는 사뭇 다른 모습이지요.

요노 소비를 **추구**하는 사람들은 현재의 만족만을 위한 불필요한 물건을 사는 걸 좋아하지 않아요. 꼭 필요한 것인지 먼저 생각한 후 오래 쓸 수 있는 품질 좋은 제품이나 친환경적인 제품을 선택해요. 그러면 돈도 절약하고 환경도 보호할 수 있거든요.

사람들의 소비 트렌드가 바뀐 것은 <u>지속 가능한 소비</u>에 관심을 가지게 된 사람들이 많아졌기 때문이에요. 지속 가능한 소비란 나에게 필요한 물건을 사면서도 미래의 **자원**과 환경을 생각하는 것을 의미해요. 빠르게 변하는 유행이나 자극적인 광고에 이끌린 소비는 그동안 많은 **비판**을 받았어요. 자원 낭비와 환경 오염 문제는 물론, 돈이면 무엇이든 할 수 있다는 생각을 널리 퍼뜨렸다는 이유에서예요.

소비는 개인의 경제적 선택이면서 동시에 사회적 책임도 뒤따르는 활동이에요. 지속 가능한 소비는 경제생활 중 소비가 얼마나 중요한 역할을 맡고 있는지 이해해야 꾸준히 실천할 수 있어요. 더 나은 미래를 위해 행동하려면 나의 소비가 환경과 사회에 미칠 영향을 생각해야 해요.

🖋 어휘 풀이

* **지속 가능한 소비** 지금의 나에게 필요한 물건을 사면서도 미래의 자원과 환경도 함께 생각하는 소비.
* **추구** 목적을 이룰 때까지 뒤좇아 구하는 것.
* **자원** 사람들이 살아가는 데 필요한 자연물이나 기술, 에너지 등을 통틀어 이르는 말.
* **비판** 어떤 일의 옳고 그름을 판단하여 밝히거나 잘못된 점을 지적함.

내 용 체 크

1. <보기>를 보고 알맞은 낱말을 넣어 문장을 완성해 보세요.

> **보기**
>
> 자원   추구   비판

- 내 아이디어가 친구들의 ⬭⬭⬭⬭⬭을(를) 받으니 속상했다.
- 한정된 ⬭⬭⬭⬭⬭이 낭비되지 않도록 아껴야 한다.
- 그 사람은 자기가 ⬭⬭⬭⬭⬭하던 목표를 이루었을까?

2. 글의 내용과 일치하면 O, 다르면 X 하세요.

- 요즘에는 꼭 필요한 것 하나만 사는 소비가 유행하고 있다. ·············· (   )
- 내 돈으로 물건을 산다면 나의 만족만 생각하면 된다. ······················ (   )

3. 지속 가능한 소비를 위한 방법으로 옳지 않은 것을 고르세요. ········ (   )

① 물건을 사기 전에 꼭 필요한 것인지 생각해 보고 산다.
② 과도한 포장이나 일회용품 사용을 줄인 제품을 산다.
③ 내가 좋아하는 연예인이 광고하는 제품을 산다.
④ 나의 소비가 환경과 사회에 미칠 영향을 생각하면서 산다.

4. 내가 구매한 물건 중에서 오랫동안 만족하며 사용하고 있는 물건 하나를 골라 자세히 설명해 주세요.

....

....

1. 비판, 자원, 추구 / 2. O, X / 3. ③

 **경제톡톡** **아무것도 사지 않는 날**

여러분, 혹시 '아무것도 사지 않는 날' 캠페인에 대해 들어 본 적 있나요?

헉, 그러면 그날은 간식도 못 사겠네요. 그날이 언제 인가요?

매년 11월 마지막 주에 열려요. 이때는 크리스마스와 연말 선물을 준비하면서 엄청난 소비가 시작되는 시기거든요. 이 캠페인은 1992년 캐나다에서 시작됐는데 곧 세계 여러 나라로 퍼졌어요.

소비를 많이 하면 사람들은 새 물건이 생겨서 좋고, 기업들은 돈을 많이 버니까 좋지 않나요?

꼭 필요한 물건을 사는 적당한 소비는 괜찮죠. 하지만 물건을 많이 산다면 그만큼 물건을 많이 만들어야 한다는 뜻이에요. 많이 사니까 많이 만들고, 또 그만큼 많이 버려지지요. 이 캠페인은 과소비 때문에 생긴 환경 오염과 쇼핑 중독 등 여러 가지 문제를 반성하자는 의미로 열리고 있어요.

앗, 저도 제 소비 습관을 반성하게 돼요. 그런데 아무것도 사지 않는 날이 있다면 혹시 무언가를 잔뜩 사는 날은 없나요?

그런 날은 굳이 정하지 않아도 이미 매일 실천하는 사람들이 너무 많잖아!

한정판은 못 참지, 소비자 지갑 '활짝'

미국에서 스타벅스가 글로벌 텀블러 브랜드 '스탠리(Stanley)'와 협업하여 출시한 핑크 텀블러가 폭발적인 인기를 얻으며 **품절** 대란을 일으켰어요.

스타벅스는 매년 다양한 디자인의 굿즈를 한정판으로 출시하며 소비자들의 마음을 사로잡아 왔는데요, 이번에 출시된 텀블러를 사기 위해 사람들은 매장 앞에서 밤을 새우며 기다렸어요.

몇몇 사람들은 구매한 텀블러를 온라인 사이트에 다시 **판매**하기도 했어요. 한 온라인 경매 사이트엔 원래 가격의 10배인 70만 원에 판매하겠다는 게시물이 올라왔어요.

7만 원 정도면 살 수 있는 텀블러를 왜 비싼 가격에 사려는 걸까요? 그건 바로 <u>희소성</u> 때문이에요. 희소성이란 우리가 원하는 것들이 **무한**하지 않고 한정되어 있다는 것을 말해요. 한정판 상품은 전체 수량에 한계가 있어서 희소성이 커요. 희소한 물건은 가격이 비싸질 수 있어요. 스타벅스에서 만든 텀블러 역시 개수가 한정되어 있어서 비싸더라도 사고 싶어 하는 사람이 많아진 거예요.

돈, 시간과 같은 자원은 희소성이 있어서 내가 원하는 것을 모두 가질 수는 없어요. 따라서 어떤 것을 가질지 신중히 잘 선택해야 해요. 한정판으로 출시한 물건을 가지기 위해 너무 많은 돈을 쓴다면 다른 것을 살 돈이 없어질 수 있어요.

✎ 어휘 풀이

* **희소성** 인간의 욕구에 비하여 욕구를 충족하는 수단이 부족한 상태.
* **품절** 물건이 다 팔리고 없음.
* **판매** 물건이나 서비스를 돈을 받고 다른 사람에게 넘겨주는 것.
* **무한** 수, 양, 공간, 시간에 제한이 없음.

내 용 체 크

1. 빈칸에 들어갈 말을 <보기>에서 찾아 쓰세요.

보기

희소성　　　　　　　　　　　선택

- 자원의 (　　　　) 때문에 갖고 싶은 것을 모두 가질 수는 없다.
- 우리가 가진 돈은 정해져 있어서 어떤 것을 살지 (　　　　)해야 한다.

2. 글의 내용과 일치하면 O, 다르면 X 하세요.

- 자원의 양이 적다면 무조건 희소하다고 볼 수 있다. ···························· (　　　)
- 희소한 자원은 가격이 비싸지기도 한다. ··· (　　　)

3. 이 글에 나오지 <u>않은</u> 내용은 무엇인가요? ······································· (　　　)

① 스타벅스 텀블러가 비싸게 팔리는 이유

② 희소성의 의미

③ 스타벅스 텀블러가 만들어지는 과정

④ 희소한 물건과 가격과의 관계

4. 희소성의 의미를 생각하며 '희소성'으로 삼행시를 지어 보세요.

희

소

성

 혹시 NFT에 대해 들어 본 적이 있나요?

 NFT가 뭔가요? 신인 아이돌 그룹인가요?

 하하하, 신인 아이돌 그룹으로 이름 지어도 멋지겠네요. NFT는 Non-Fungible Token의 줄임말로 대체 불가능한 토큰이라는 뜻이에요.

 선생님, 너무 어려워요. 쉽게 말씀해 주세요.

 쉽게 말해, 세상에 단 하나밖에 없는 특별한 무언가를 소유하고 있다는 증명서라고 생각하면 돼요.

 그럼 그림이나 음악도 NFT로 만들 수 있나요?

 정확해요! 그림, 음악뿐만 아니라 게임 아이템, 움직이는 이미지, 심지어 가상 부동산까지도 NFT로 만들 수 있어요. 그런데 NFT가 왜 인기가 많을까요?

 분명 아까 배운 내용과 관련이 있을 텐데. 희소성 때문인가? 세상에 딱 하나밖에 없으니 귀한 거예요.

 NFT도 나처럼 인기가 많을 수밖에 없네.

3장

****

돈을 소중하게
모아 보자

****

엄카 대신 용카! 용돈 카드로 용돈 관리 해요

"엄마, 아빠! 용돈은 카드로 주세요!" 자녀 용돈으로 현금을 주던 과거와 달리, 초등학생과 청소년을 대상으로 **발급**하는 용돈 카드가 많아졌어요. 용돈을 직접 관리하면서 사용하려는 친구들이 많고, 그런 자녀들의 용돈 관리에 부모님들이 관심을 갖기 시작했기 때문이에요.

용돈 카드는 학생들이 용돈을 더 쉽게 관리할 수 있도록 도와줘요. 이 카드를 이용하면 부모님이 주신 용돈이 카드에 저장이 돼요.

용돈 카드는 체크 카드의 한 종류예요.

체크 카드는 내 통장에 있는 돈으로 물건을 살 수 있게 해 줘요. 내가 가진 통장의 돈만 쓸 수 있어서 절약하는 데 도움이 돼요. 하지만 체크 카드와 연결된 통장에 돈이 부족하면, 아무것도 살 수 없어요. 큰돈이 필요할 때 통장에 돈이 모자라면 사용할 수 없는 것이 단점이에요.

　통계청에 따르면 2023년 기준 10대 청소년의 스마트폰 **보유율**은 95%나 되어요. 이제는 현금이 없어도 카드나 스마트폰을 이용한 모바일 결제가 가능하게끔 결제 방법이 바뀌고 있어요. 카드 회사에서도 10대의 스마트폰과 카드 사용이 많아져서 다양한 서비스를 제공하고 있지요. 부모님께 용돈 조르기, 교통 카드 기능, 모바일 학생증뿐만 아니라 어린이들이 풀 수 있는 금융 퀴즈나 게임 등의 서비스를 제공해요. 용돈 카드로 경제 교육까지 가능해서 올바른 경제 개념과 습관을 기를 수 있어요.

어휘 풀이

* **용돈** 부모님이나 어른들이 주는 돈.
* **체크 카드** 통장 계좌 잔액 안에서 사용할 수 있는 카드.
* **발급** 어떤 것을 만들어서 주는 것.
* **보유율** 전체 중에서 얼마나 많은 사람이 가졌는지를 나타내는 비율.

1. <보기>를 보고 빈칸에 알맞은 낱말을 채워 보세요.

보기

| 용돈 | 발급 | 보유율 |

- 동생은 몇 달 치 ( )을 아껴서 갖고 싶어 하던 가방을 샀다.
- 나는 도서관 카드를 잃어버려서 다시 ( )을 받았다.
- 우리 반은 스마트폰 ( )이 높다.

2. 글의 내용과 일치하면 O, 다르면 X 하세요.

- 옛날보다 지금 초등학생과 청소년은 용돈을 현금으로 받는 경우가 많다.

　　　　　　　　　　　　　　　　　　　　　　　　　　　　　　　　(　)

- 용돈 카드를 이용하면 원하는 것을 모두 살 수 있다. …………………(　)

3. 이 글을 읽고 옳지 않게 설명한 학생은 누구인가요? ………………(　)

① 하나 : 부모님들이 자녀 용돈 관리에 관심을 가지는 경우가 많아.

② 도혁 : 체크 카드 통장에 돈이 없어도 사고 싶은 것을 살 수 있어.

③ 진우 : 용돈 카드를 이용하면 부모님이 주신 용돈이 카드에 저장돼.

④ 서아 : 카드 회사에서 용돈 조르기, 교통 카드 등의 서비스를 어린이에게 제공

　하고 있어.

4. 용돈을 받는다면 현금으로 받고 싶나요, 아니면 용돈 카드로 받고 싶나요?
그 이유도 써 보세요.

경 제 톡 톡 **모바일 쿠폰**

 선생님! 편의점에서 어떤 형이 물건을 사고, 휴대폰 안의 검은색 줄로 된 화면을 보여 주며 결제했어요.

아, 시우가 모바일 쿠폰 사용하는 걸 봤군요.

 모바일 쿠폰? 그게 뭐예요?

모바일 쿠폰은 휴대폰으로 보내는 상품 교환 쿠폰인 데, 카페나 패스트푸드점 같은 다양한 가게에서 물건 으로 바꾸거나 음식을 먹을 수 있어요. 간편하게 휴 대폰으로 보낼 수 있어서 선물하기도 좋아요.

 물건도 사고, 음식도 먹을 수 있어요? 돈을 내지 않고요?

네, 쿠폰 바코드만 보여 주면 돼요. 현금이나 카드로 직접 계산하는 것보다 할인해 주는 경우도 많아요. 돈이나 상품권처럼 정해진 금액만큼 사용할 수 있는 모바일 상품권도 있어요.

 아 저도 엄마가 마트에서 모바일 상품권 사용하는 걸 봤어요!

 선생님! 선생님 말씀 잘 들을 테니, 저도 모바일 쿠폰 하나만 보내 주시면 안 되나요?

잘파 세대 10명 중 8명, 용돈을 저축해요

한 **금융** 경영 연구소 보고서에 따르면, 잘파 세대 68%가 경제·금융 교육에 관심이 높은 것으로 나타났어요. 또한 용돈을 직접 관리하며 10명 중 8명은 용돈으로 재테크와 <u>저축</u>을 생활화하고 있어요.

잘파 세대는 1990년대 중반부터 2000년대 초반에 태어난 'Z세대'와 2010년 이후 출생한 '알파 세대'를 합친 말이에요. 잘파 세대는 부모의 경제적 지원이 충분해서 어린 시절부터 경제·금융 이슈에 관심이 높아요.

용돈을 받으면 하고 싶은 것, 사고 싶은 것이 많아요. 하지만 용돈은 한정되어 있어요. 용돈을 알차게 쓰기 위해선 관리가 필요해요. 용돈을 관리하면 돈을 어떻게 써야 할지 계획할 수 있고, 내가 목표한 물건을 사기 위해 얼마나 돈을 모아야 하는지 알 수 있어요. 용돈 관리에 도움을 주는 것이 <u>용돈 기입장</u>이에요.

용돈 기입장에는 돈을 어떻게 썼는지 사용한 **내역**을 기록해요. 들어온 돈, 나간 돈, 남은 돈을 적는 칸이 있어요. 예를 들어 이번 달 용돈 5,000원을 받았고, 간식으로 2,000원을 썼다고 하면, 용돈 기입장에 '들어온 돈 : 용돈 5,000원', '나간 돈 : 간식 2,000원', '남은 돈 : 3,000원'이라고 적어요.

용돈 기입장을 쓰다 보면 돈을 절약하게 되고, 저축도 할 수 있어요. 돈에 대하여 올바른 생각을 가질 수 있는 좋은 습관이에요.

🖉 어휘 풀이

* 저축 소득 중에서 소비로 지출되지 않는 부분으로, 절약하여 모아 두는 것.
* 용돈 기입장 돈을 쓴 기록을 적은 책이나 공책.
* **금융** 금전을 돌려쓰는 것.
* **내역** 돈이나 물건이 어디에, 어떻게 쓰였는지 하나하나 자세히 적은 것.

1. <보기>를 보고 빈칸에 알맞은 낱말을 채워 보세요.

보기

| 금융 | 내역 |

• 통장을 보면 내가 용돈을 받고 사용한 ⟨　　　　⟩이 적혀 있다.

• 인터넷 뱅킹을 이용할 땐 ⟨　　　　⟩ 정보가 유출되지 않도록 조심한다.

2. 글의 내용과 일치하면 O, 다르면 X 하세요.

• 잘파 세대란 2000년부터 2010년 사이에 태어난 사람들을 말한다. ····· (　　　)

• 용돈을 관리하면 돈을 어떻게 써야 할지 계획할 수 있다. ················· (　　　)

3. 이 글의 중심 낱말을 괄호에서 찾아 ○표 하세요.

잘파 세대의 10명 중 8명은 (용돈 / 통장)을 받고, 일부를
(저축 / 보관)하고 있어요. 용돈을 어떻게 썼는지 사용한
내역은 (용돈 기입장 / 가계부)에 기록해요.

4. 이번 주에 용돈 1만 원을 받았다면 어떻게 쓸 것인지 계획을 세워 보세요.

날짜	내용	들어온 돈	나간 돈	남은 돈

1. 내역, 금융 / 2. X, O / 3. 용돈, 저축, 용돈 기입장

경제 톡톡 ✚ 용돈 관리

선생님! 이번에 할머니 댁에 놀러 갔는데, 할머니가 많이 컸다고 용돈을 5만 원이나 주셨어요.

시우는 용돈으로 무엇을 할 생각이에요?

음, 마라탕도 먹고, 치킨도 먹고, 떡볶이도 먹을 거예요! 아, 색연필도 다 써서 사야 해요. 저축도 조금 하고요.

그런데 이것저것 사 먹다가 용돈을 다 써 버리면 어떡하죠?

앗, 그럼 용돈 쓰는 순서를 어떻게 하면 좋을까요?

필요한 것을 살 돈, 저축할 돈, 자유롭게 쓸 돈을 먼저 계획하는 것이 중요해요. 꼭 필요한 걸 살 돈이 얼마인지 계산한 다음에 남는 돈에서 저축액을 정하면 좋아요.

선생님! 용돈 기입장 쉽게 쓰는 방법은 없나요?

요즘은 스마트폰으로 용돈 관리 앱을 쓰는 경우도 많아요. 카드 회사에서도 카드 사용 시 알림 문자를 보내 주기 때문에 수입과 지출 내역을 쉽게 파악할 수 있어요.

알려 주셔서 감사합니다. 저도 용돈 관리 앱 한번 사용해 봐야겠어요.

가장 큰 돼지 저금통, 오늘날과 비슷한 은행

옛날에는 돈을 어떻게 보관했을까요? 땅속에 묻어 두거나 집 안에 숨겨 두었어요. 하지만 도둑이 들면 잃어버릴 수도 있지요. 그래서 사람들은 안전하게 돈을 보관할 곳이 필요했어요. 이렇게 탄생한 것이 바로 은행입니다.

세계 최초의 은행은 정확히 알 수 없어요. 은행이 가진 서비스 중에서 어떤 부분에 주목하느냐에 따라 다르거든요. 그러나 오늘날 은행이 돈을 버는 방법은 영국의 **금세공업자**가 돈을 버는 방법과 비슷해요.

17세기 영국에서는 금이 곧 돈이었어요. 하지만 금은 너무 무거워서 금세공업자들은 금을 **휴대**하기 편리하게 금화로 만들었어요. 금화를 보관하기 위한 금고도 함께 만들었지요. 사람들은 소중한 금을 집에 보관하는 것이 불안했어요. 금을 보관할 곳이 필요했기에 금세공업자에게 보관료를 주고 금고를 빌려서 사용했어요. 금을 맡기면 금세공업자가 보관증을 주었는데 보관증만 가지고 있으면 언제든 금을 돌려받을 수 있었어요.

시간이 흐르자, 사람들은 금화를 **교환**하는 대신 가볍고 교환이 쉬운 금 보관증으로 거래하기 시작했어요. 금 보관증이 현재의 화폐 역할을 하게 된 거예요.

금세공업자는 금화가 필요한 사람에게 금고에 남아 있는 금화를 빌려주고 <u>이자</u>를 받아 많은 이익을 냈어요. 은행의 주요 사업인, 돈을 빌려주고 이자로 이익을 내는 <u>대출</u>은 이렇게 시작되었어요. 금세공업자가 이자로 이익을 내는 활동은 오늘날 은행 업무와 비슷해요.

✎ 어휘 풀이

* **이자** 은행에 돈을 맡길 때 추가로 받는 돈. 또는 개인이나 기업이 은행에 돈을 빌릴 때 돈을 빌린 대가로 내야 하는 돈.
* **대출** 필요한 돈을 은행이나 다른 곳에서 빌리는 것.
* **금세공업자** 금으로 다양한 물건을 만드는 사람.
* **휴대** 물건을 가지고 다니는 것.
* **교환** 두 사람이 서로 물건을 바꾸는 것.

1. <보기>를 보고 빈칸에 알맞은 낱말을 채워 보세요.

보기

이자   대출

• 저축하면 (   )이(가) 생겨서 돈이 늘어난다.

• 사업을 할 때 돈이 필요하면, 은행에서 (   )을(를) 받아야 한다.

2. 글의 내용과 일치하면 O, 다르면 X 하세요.

• 안전하게 돈을 보관하기 위해 은행이 생겼다. ·······························(   )

• 17세기, 금세공업자는 이자를 받지 않고 금화를 빌려주었다. ·············(   )

3. 이 글의 중심 낱말을 괄호에서 찾아 ○표 하세요.

> 17세기 영국에서는 (금 / 지폐)이(가) 돈이었어요. 시간이 흐르
> 고 사람들은 무거운 금화 대신에 가볍고 교환이 쉬운 (금 보관증 /
> 은화)(으)로 거래하기 시작했답니다.

4. 은행에서 돈을 맡기는 상황을 상상해 대화를 적어 보세요.

> 은행원 안녕하세요? 무엇을 도와 드릴까요?
>
> 나
>
> 은행원
>
> 나
>
> 은행원 찾아 주셔서 감사합니다. 좋은 하루 보내세요.

96

선생님! 옛날에는 돈 대신에 금으로 대출을 하고, 금세공업자가 현재 은행과 비슷한 역할을 했다는데, 사실인가요?

맞아요. 대출은 17세기 영국의 금세공업자들이 '사람들은 한 번에 금화를 모두 찾으러 오지 않고, 동시에 몰려오지 않는다.' 라는 오랜 경험을 바탕으로 시작되었다고 해요.

그런데 만약 사람들이 돈을 찾으러 은행에 한꺼번에 몰려들면 어떻게 되어요? 동시에 돈이 필요할 수도 있잖아요.

그래서 은행은 가지고 있는 모든 돈을 대출해 줄 수는 없어요. 왜냐하면 유나가 생각한 것처럼, 사람들이 언제든지 돈을 찾으러 올 수 있기 때문이에요.

아! 그래서 은행은 고객의 돈 중에서 일부는 항상 남겨 두고 준비해야 하는군요!

맞아요. 이렇게 남겨 두는 돈의 비율을 '지급 준비율'이라고 해요. 예를 들어, 지급 준비율이 10%라고 하면, 은행은 고객이 맡긴 100만 원 중에서 10만 원은 항상 지급 준비금으로 준비해 두고, 나머지 90만 원만 대출해 줄 수 있어요.

돈 모으기와 재미를 합친 상품이 있다고?

   은행에서 돈 모으기와 재미를 합친 서비스를 내놓고 있어요. 생활 속에서 재미있게 금융을 접할 수 있도록 소비자와 **접점**을 넓히고 청소년 고객을 늘리겠다는 전략이에요.

   카카오뱅크에서 만든 26주 <u>적금</u>이 대표적이에요. 1년이 아닌 6개월 동안, 매달이 아닌 매주 납입하는 적금으로, 일주일마다 저축액이 올라가는 상품이에요. 성공할 때마다 내가 선택한 귀여운 캐릭터가 등장해요. **최애** 스타가 특정 행동을 할 때마다 일정 금액을 저축하는 상품도 있어요. 좋아하는 가수가 SNS에 사진을 올리면 1천 원, 예능에 출연하면 1만 원을 저축하는 방식이에요. 돈을 모으면서 즐거움도 느낄 수 있어요.

일반적인 저축 상품으로는, 언제든지 돈을 맡길 수 있고, 또 돈이 필요하면 언제든 찾을 수 있는 '보통 <u>예금</u>'이 있어요. 하지만 보통 예금은 은행에서 받을 수 있는 이자가 적어요.

다음으로 목돈을 은행에 한 번에 맡기고 일정한 기간이 지난 뒤 찾을 수 있는 '정기 예금'이 있어요. 정해진 기간이 지나면 약속된 이자를 모두 받을 수 있고, 보통 예금보다 이자가 높아요. 마지막으로 매달 일정한 금액을 은행에 맡기고 정해진 기간이 지난 뒤 약속된 이자를 받는 '정기 적금'이 있어요.

'티끌 모아 태산'이라는 속담처럼 아무리 작은 것이라도 모이고 모이면 나중에 큰 덩어리가 되듯이, 적은 돈이라도 차곡차곡 모으면 큰 자산이 되는 걸 경험할 수 있어요.

✎ 어휘 풀이

* **적금** 은행에 일정 금액을 일정 기간 동안 낸 다음에 찾는 저금.
* **예금** 은행이나 우체국 등에 돈을 맡김. 또는 그 돈.
* **접점** 서로 만나는 지점.
* **최애** '최고의 애정'의 줄임말로 가장 좋아하는 것을 뜻하는 신조어.

내 용 체 크

1. <보기>를 보고 빈칸에 알맞은 낱말을 채워 보세요.

보기

접점   최애   적금

- 사람들은 예술과 과학의 (   )을(를) 찾기 위한 노력을 계속하고 있다.
- 돈을 차곡차곡 모을 수 있는 (   )을(를) 들면 목돈을 만들 수 있다.
- 나의 (   ) 드라마가 끝나서 아쉽다.

2. 글의 내용과 일치하면 O, 다르면 X 하세요.

- 은행은 재미를 더한 저축 상품과 서비스를 내놓고 있다. ·················· (   )
- 보통 예금은 이자가 높다. ··· (   )

3. 빈칸에 들어갈 말을 본문에서 찾아 쓰세요.

- 매달 일정한 금액을 은행에 맡기고 정해진 기간이 지난 뒤 약속한 이자를 받는
  저축 방법 : ☐ ☐ ☐ ☐
- 목돈을 은행에 한 번에 맡기고 일정한 기간이 지난 뒤 찾을 수 있는 저축 방법
  : ☐ ☐ ☐ ☐

4. 여러분이나 부모님이 주로 이용하는 은행은 어디인가요? 은행의 이름을 적고, 은행에서 판매하고 있는 적금, 예금 상품을 조사해 보세요.

(   ) 은행

적금 상품

예금 상품

100

1. 접점, 적금, 최애 / 2. O, X / 3. 정기 적금, 정기 예금

경제 톡 톡 주택 청약 통장

선생님, 친구네 집이 주택 청약에 당첨되어 곧 이사 간다고 하는데, 주택 청약이 뭐예요?

 주택 청약은 지금 짓고 있는 집을 갖고 싶다고 신청하는 거예요. 주택 청약 통장을 만들면 신청할 수 있는 자격이 생기죠.

 주택 청약 통장이요?

 집을 살 수 있도록 도와주는 통장이에요. 주택 청약 통장은 적금 통장처럼 매달 돈을 저축하는 거예요. 오래될수록 청약에 당첨될 가능성이 커요.

 선생님! 그냥 부동산에 가서 집을 계약하면 집을 살 수 있는 거 아니에요?

 그것도 맞아요. 하지만 주택 청약에 당첨되면 새로 지은 집을 주변 집보다 싸게 살 수 있거든요. 그래서 경쟁률이 높은 거예요.

 저도 부모님께 청약 통장을 만들어 달라고 해야겠어요!

 좋은 생각이에요! 하지만 주택 청약 통장은 만 14살부터 만들 수 있어요. 그래도 지금부터 경제에 관심을 갖고 공부하다 보면 나중에 유나랑 시우도 원하는 집을 살 수 있을 거예요.

점점 사라지는 은행의 미스터리

최근 은행들이 **점포** 개수를 줄이고 있어요. 큰 도시와 같이 사람이 많이 모이는 지역에는 은행 점포가 있지만, 수도권 외곽이나 시골로 갈수록 은행 점포는 쉽게 찾을 수 없어요. 2013년에는 은행 점포수가 5,666개였는데, 2023년에는 3,905개로 10년 전보다 1,761개나 감소했어요.

그 이유는 바로 '온라인 뱅킹'의 발달 때문이에요. 인터넷과 스마트폰을 이용하면 장소에 상관없이 쉽게 돈을 보내거나 관리할 수 있고, 은행 점포에 가지 않아도 되니 시간도 절약할 수 있어요. 온라인 뱅킹의 이용 비중은 2005년에 16.5%였지만, 2024년에는 80%가 넘어요.

은행 점포가 줄어들면 인터넷 사용이 익숙하지 않은 **고령층**이 큰 피해를 볼 수 있어요. 직접 가서 은행 상담을 받거나 돈을 관리하는 일이 불편해질 수 있고, 온라인 뱅킹에서 제공하는 **우대** 혜택 서비스도 받을 수 없어요.

은행에서도 고민이 많아요. 그래서 고령층을 위한 '시니어 디지털 특화 점포', '시니어 플러스 영업점' 등 노인 전용 창구나 노인 전용 안내 전화를 운영하고 있어요. 또 은행을 이용하기 어려운 직장인을 위해, 은행 영업시간을 오후 4시에서 오후 6시로 늘려, 이용하는 사람이 불편하지 않도록 하고 있어요.

✏️ 어휘 풀이

* **온라인 뱅킹** 은행에 직접 가지 않고 컴퓨터나 스마트폰을 이용해 은행의 서비스를 이용하는 방법.
* **점포** 물건을 사고팔 수 있는 가게.
* **고령층** 나이가 많은 어른.
* **우대** 특별히 잘해 주거나 더 좋은 조건을 주는 것.

내 용 체 크

1. <보기>를 보고 빈칸에 알맞은 낱말을 채워 보세요.

보기

| 고령층 | 우대 |

• 키오스크 이용이 늘어나면서 ⏦⏦⏦⏦⏦의 불편함이 커졌다.
• 회사는 근무 경력이 많고 실적이 좋은 사원을 ⏦⏦⏦⏦⏦해 주었다.

2. 글의 내용과 일치하면 O, 다르면 X 하세요.

• 10년 전과 비교하면 은행의 점포 수는 점점 늘고 있다. ····················· (   )
• 은행 점포가 줄어들면 인터넷 뱅킹이 익숙하지 않은 할머니, 할아버지가 큰 피

  해를 볼 수 있다. ·· (   )

3. 이 글에 나오지 <u>않은</u> 내용은 무엇인가요? ······························· (   )

① 은행 점포 수가 감소한 이유
② 온라인 뱅킹의 이용 비중
③ 온라인 뱅킹의 기능과 이용 방법
④ 온라인 뱅킹을 이용하기 어려운 고령층을 위한 서비스

4. 부모님과 온라인 뱅킹에 접속해서, 어떠한 기능이 있는지 찾아 써 보세요.

···

···

···

선생님! 저희 집 앞에 있던 은행이 이제 영업을 안 한 대요! 거기에 돈 맡긴 사람들은 어떻게 해요?

걱정하지 마세요. 예금자 보호법에 따라 2024년 기준, 1인당 5천만 원까지 보호가 된답니다.

어, 선생님! 그러면 은행이 망할 수도 있나요?

물론이죠. 이를 '뱅크 런'이라고 해요. 뱅크 런은 사람들이 은행에서 돈을 찾으려고 한꺼번에 몰려드는 상황을 이야기해요. 그럼 은행에 있는 돈이 부족해서 모든 사람에게 돈을 돌려줄 수 없게 되죠.

실제로 뱅크 런이 일어난 적이 있나요?

2023년 미국에서 있었어요. 실리콘 밸리 은행은 주로 새로운 사업을 시작하는 스타트업에 돈을 빌려주는 은행이었어요. 그런데 이 은행이 위험하다는 소문에 사람들이 한꺼번에 돈을 찾아갔어요.

그래서 실리콘 밸리 은행은 어떻게 되었어요?

이틀 만에 420억 달러(한화 약 60조 원) 정도의 예금이 인출되면서 문을 닫게 되었어요. 이 사건은 은행의 안전한 자산 관리가 매우 중요하다는 교훈을 남겼답니다.

"돈 못 갚을 것 같아요." 신용 유의자 급증

최근 빚의 무게를 견디지 못하고 <u>신용 유의자</u>가 된 사람의 수가 증가하고 있어요. 특히 20대 청년 신용 유의자의 수가 다른 연령대보다 상승세를 기록하였어요.

20대 청년 신용 유의자는 수십만 원에서 수백만 원의 대출금이나 **할부** 금액을 갚지 못한 소액 연체자 비중이 커요. **연체** 금액이 소액인 점을 보았을 때, 생활비나 주거비 등 생계와 관련해 어려움을 겪는 청년이 많을 것으로 예상이 되지요. 신용이 좋지 않으면 카드 사용이 정지되고, 대출을 이용할 수 없어요. 신용 점수도 하락하여 경제생활이 어려워져요.

신용은 약속을 잘 지키는 것이에요. 도서관에서 책을 제때 반납하는 것도 하나의 약속인데, 책을 연체하면 도서관에서 신용이 떨어지게 되는 것이죠. 경제 활동에서의 신용은 돈을 갚을 능력을 이야기해요. 신용이 좋은 사람은 돈을 빌리거나, 집을 사는 등 돈과 관련하여 중요한 일을 할 때 경제생활에서 많은 도움을 받을 수 있어요.

이렇게 중요한 신용을 올리는 방법으로는 무엇이 있을까요? 먼저 한두 곳의 은행과 오랫동안 거래하는 것이 좋아요. 은행도 꾸준히 저축을 하거나, 빌린 돈을 잘 갚는 걸 보면 신용을 높여 줄 수 있어요. 또 돈을 빌렸으면 꼭 약속한 날짜에 갚아야 해요. 돈을 제때 갚는 사람은 신용이 올라가기 때문이에요.

현대 사회는 신용 사회라고 불릴 만큼, 신용은 돈과 관련하여 다양한 경제생활을 하는 데 반드시 필요해요. 그래서 신용을 관리할 필요가 있어요.

✎ 어휘 풀이

* **신용 유의자** 돈을 빌리고 갚지 못하여 연체가 발생해서 신용 상태가 좋지 않은 사람.
* **할부** 돈을 여러 번에 나누어 냄.
* **연체** 돈 따위를 빌려 놓고 갚지 않거나 내야 할 금액의 납부가 늦어지는 것.

내 용 체 크

1. <보기>를 보고 빈칸에 알맞은 낱말을 채워 보세요.

보기

| 할부 | 연체 |

- 그들은 빚을 갚지 못하여 ◯ 이자를 내고 있다.
- 컴퓨터가 고장 나, 급하게 컴퓨터를 ◯로 구매했다.

2. 글의 내용과 일치하면 O, 다르면 X 하세요.

- 경제 활동에서의 신용은 돈을 잘 갚을 수 있는 능력을 말한다. ·········· (　　)
- 신용이 좋으면 돈을 빌려도 꼭 갚을 필요는 없다. ···························· (　　)

3. 이 글의 중심 낱말을 괄호에서 찾아 ◯표 하세요.

○
○
○　신용이 있는 어린이는 (약속 / 예약)을 잘 지키는 어린이를
○　말해요. 경제 활동에서 신용이 있으려면 (돈 / 은혜)(을)를
○　잘 갚아야 해요.

4. 신용 있는 어린이가 되려면 어떻게 해야 할까요? 학교나 가정에서 실천할 수 있는 나의 다짐을 써 보세요.

....

....

....

선생님! 저희 엄마가 세탁기를 살 때, 신용 카드를 내면서 할부로 결제하던데, 할부가 뭐예요?

할부는 물건을 살 때 그 돈을 한 번에 다 내지 않고, 여러 번 나눠서 갚는 방법이에요. 예를 들어 200만 원짜리 세탁기를 5개월 할부로 결제했다면, 매달 40만 원씩 5개월 동안 내면 돼요.

 선생님, 그러면 이자도 내야 하지 않나요?

맞아요. 보통 할부로 구매할 때는 이자를 내야 해요. 이자는 돈을 빌린 대가로 내는 추가 비용이에요. 그래서 실제 세탁기 가격인 200만 원보다 조금 더 늘어날 수 있어요.

 그러면 왜 할부를 이용할까요? 더 비싸잖아요.

할부는 필요한 물건을 빨리 가질 수 있죠. 꼭 필요하지만 비싸서 살 수 없을 때, 돈을 조금씩 나눠서 구매할 수 있는 장점이 있어요. 하지만 불필요한 소비가 늘어날 수 있으니까 조심해야 해요.

 엄마한테도 물건을 살 때 이야기해 드려야겠어요.

특별한 카드, 블랙 카드

아무나 발급받을 수 없는 카드가 있어요. 바로 블랙 카드라고 불리는 카드랍니다. 이 카드는 경제적 능력과 사회적 지위, **명예**를 갖춘 사람들만 가질 수 있어요. 아이유, BTS 진과 정국, 블랙핑크 리사 등 세계적인 톱스타나 유명 연예인, 기업의 회장과 부회장 등 초청받은 사람들에게만 주어지는 카드예요.

블랙 카드는 플라스틱이 아닌 금이나 티타늄으로 만들어서 일반 카드보다 무겁고, 특별함을 강조하기도 해요. 연회비도 비싸지만, 특급 호텔 예약, 비행기 비즈니스 클래스 할인, 명품 **바우처**, 특별한 이벤트 초대와 같은 다양한 혜택이 있어요.

또한 일반 카드보다 **한도**도 훨씬 높아요. 블랙 카드는 <u>신용 카드</u>의 하나예요. 신용 카드는 **통장**에 돈이 없어도 물건을 살 수 있게 해 주는 카드예요. 신용 카드는 나중에 돈을 갚기로 약속하고 사용해요. 이 카드로 물건을 사면, 나중에 그 돈을 갚아야 해요. 현재 통장에 돈이 없어도, 물건을 살 수 있기에 큰돈을 사용할 때 유용해요.

신용 카드를 사용할 때는 자신의 한도 내에서 사용할 필요가 있어요. 신용 카드를 너무 많이 쓰면 나중에 갚아야 할 돈이 많아져요. 만약 돈을 갚지 못하면 신용 점수가 떨어져서 나중에 돈을 빌리기 어려워질 수 있어요. 신용 카드를 사용할 때는 잘 계획하고 사용하는 것이 중요해요.

✎ 어휘 풀이

* **신용 카드** 통장에 돈이 없어도 쓸 수 있는 카드. 개인 신용에 따라 한도가 정해져 있다.
* **명예** 세상에서 훌륭하다고 인정되는 이름이나 자랑.
* **바우처** 어떤 물건이나 시설을 이용할 수 있는 권리.
* **한도** 최대치, 더 이상 넘을 수 없는 양.
* **통장** 금융 기관에서 돈을 보관한 사람에게 돈이 들어오고 나간 상태를 적어 주는 장부.

내 용 체 크

1. <보기>를 보고 빈칸에 알맞은 낱말을 채워 보세요.

보기

| 통장 | 명예 |

- 나는 학교의 ( )을(를) 걸고 대회에 출전한다.
- 오늘 부모님께 용돈을 받아 ( )에 넣었다.

2. 글의 내용과 일치하면 O, 다르면 X 하세요.

- 블랙 카드로 물건을 사면 통장에서 돈이 바로 빠져나간다. ············· ( )
- 일반적인 신용 카드는 사용 한도가 정해져 있다. ······················ ( )

3. 글의 내용과 일치하지 않는 설명을 고르세요. ···················· ( )

① 블랙 카드는 아무나 발급받을 수 없다.

② 블랙 카드는 체크 카드의 하나다.

③ 신용 카드는 통장에 돈이 없어도 물건을 살 수 있다.

④ 블랙 카드는 연회비가 비싼 만큼 다양한 혜택이 있다.

4. 나에게 블랙 카드가 생긴다면 무엇을 사고 싶나요?

....

....

112

1. 명예, 통장 / 2. X, O / 3. ②

신용 점수

선생님! 저도 부모님처럼 신용 카드를 만들 수 있나요?

초등학생은 신용 카드를 만들 수 없어요. 신용 카드를 만들려면, 신용 점수가 있어야 하는데 여러분은 아직 신용 점수가 없거든요.

신용 점수? 그게 뭐예요?

신용 점수는 사람들이 돈을 얼마나 잘 갚는지를 나타내는 숫자예요. 은행이나 카드 회사는 그 점수를 보고, 사람들에게 대출을 얼마나 해 줄지, 신용 카드를 발급할 수 있을지를 결정해요.

그러면 신용 점수가 높으면 돈도 더 빌리기 쉽겠네요?

맞아요! 신용 점수는 0점부터 1,000점으로 매겨지는데, 1,000점에 가까울수록 신용이 좋은 거예요. 신용 점수가 낮으면 돈을 빌리기 힘들어요.

선생님! 그러면 신용 점수는 어떻게 결정되나요?

신용 점수를 결정하는 요소는 여러 가지가 있어요. 돈을 제때 갚았는지, 얼마나 많이 빌렸는지, 신용 거래를 얼마나 오랫동안 했는지 등이 반영돼요. 돈을 갚지 않으면 신용 점수가 낮아지니 돈 관리가 정말 중요하답니다.

푼돈 모아 태산, 짠테크 전성시대

　요즈음 하루 지출 0원에 도전하기, 1만 원 이내로 하루 살기와 같은 무지출 챌린지가 인기예요. 무지출 챌린지란 일정 기간 한 푼도 안 쓰는 무(無)소비에 도전하는 것을 말해요. **물가**가 높아져서 생활비를 아끼려는 사회적 현상이에요.

　통계청에 따르면 39세 이하인 2030세대의 평균 소득은 1.9% 증가하였지만, 같은 기간 <u>소비자 물가</u>는 3.6% 상승했어요. 버는 돈보다, 물건의 가격이 더 오르니 소비를 줄이는 것이죠. 그래서 요즘 '짠테크(짜다와 재테크의 합성어)' 열풍이 불고 있어요. 외식 줄이기, 가까운 거리는 걸어가기, 중고 거래 시장 활용하기, 헬스장 대신 야외 공원에 설치된 기구로 운동하기 등이 대표적인 짠테크 방법이에요.

    돈 버는 앱을 이용해 포인트를 모아 **현금화**하는 '앱테크' 이용객도 늘고 있어요. 걸으면서 돈을 벌 수 있는 앱도 있고, 광고를 보거나 퀴즈를 푸는 등 미션을 성공하면 포인트를 얻는 서비스도 인기예요. 또 소비를 관리하는 앱도 있어요. 카드 사용 내역에 일주일간 지출이 없다면 포인트를 제공하는 앱이나, 정해진 **예산** 내에서만 소비하도록 도와주는 소비 관리 앱도 있어요.

    짠테크를 통해 돈을 모으는 것은 절약의 기본이에요. 절약은 미래를 준비하는 중요한 습관이 될 수 있어요.

✎ 어휘 풀이

* **소비자 물가** 사람들이 매일 사는 물건이나 서비스의 평균 가격.

* **물가** 여러 가지 상품이나 서비스의 가격.

* **현금화** 물건을 팔아서 돈으로 바꾸는 것.

* **예산** 돈을 어떻게 쓸지 계획하는 것.

내용체크

1. <보기>를 보고 빈칸에 알맞은 낱말을 채워 보세요.

> **보기**
>
> 현금화   예산

- 이 작품은 [   ]할 수조차 없을 만큼 귀하다.
- 국회에서 내년도 국가 [   ]이(가) 통과되었다.

2. 글의 내용과 일치하면 O, 다르면 X 하세요.

- 물건의 가격보다 버는 돈이 더 많아 소비를 늘리는 현상을 짠테크라고 한다.

  .... (   )

- 돈 버는 앱을 이용해 포인트를 모아 현금화하는 사람들이 많아지고 있다.

  .... (   )

3. 다음 중 짠테크와 관련이 <u>없는</u> 것은 무엇인가요? .... (   )

① 가까운 거리는 걸어가기
② 외식을 줄이고 집에서 만들어 먹기
③ 헬스장 대신 야외 공원에 설치된 기구로 운동하기
④ 중고 거래를 이용하는 것보다 백화점이나 마트 이용하기

4. 내가 할 수 있는 짠테크의 방법은 무엇이 있을지 찾아보세요.

....

....

절약의 역설

여러분은 용돈을 받으면 어떻게 쓰나요?

당연히 저축하죠! 부모님과 선생님께서 절약하는 습관을 지녀야 한다고 하셨잖아요!

물론 절약하는 건 좋은 습관이에요. 하지만 모든 사람이 절약하기만 하고 돈을 쓰지 않는다면 어떻게 될까요?

다 같이 돈을 많이 모으니까 좋은 것 아니에요?

앗, 그럼 기업들은 돈을 벌 수가 없어요.

맞아요. 모든 사람이 절약만 하면 오히려 경제에 나쁜 영향을 줄 수 있어요. 이를 '절약의 역설'이라고 해요. 사람들이 물건을 사야 그 돈이 가게 주인에게 가고, 가게 주인은 그 돈으로 다른 물건을 사거나 직원들에게 월급을 줄 수 있거든요.

아! 돈을 절약하는 습관도 중요하지만, 꼭 필요한 것만 사는 소비 습관도 중요하다는 말씀이군요!

맞아요. 적절하게 돈을 쓰고, 필요할 때는 소비하는 것도 경제를 살리는 방법이랍니다.

축구 선수 메시 왼발이 1조 원이 넘는다고?

리오넬 메시는 월드컵에서 아르헨티나를 우승으로 이끈 세계 최고의 축구 선수예요. 그런데 메시의 왼발에는 무려 9억 달러(한화 약 1조 2,800억 원)의 <u>보험</u>이 가입돼 있어요. 왼발잡이인 메시가 다쳐서 경기에 나오지 못하면 메시 본인은 물론 소속 구단에도 큰 손실이 발생하기 때문이에요. 이렇게 연예인이나 운동선수 등 유명인이 특정 신체 부위를 다치는 경우에 대비하여 드는 보험을 '키퍼슨(Key person) 보험'이라고 해요.

우리 생활 속엔 위험한 요소가 많아요. 등하굣길에 교통사고를 당할 수도 있고, 계단에서 발을 헛디뎌 크게 다칠 수도 있어요.

이처럼 **예측**하기 힘든 일로 발생하는 경제적 **손실**에 대비하는 금융 상품이 바로 보험이에요.

우리 생활 속에서 보험은 크게 손해 보험과 생명 보험, 두 가지로 나뉘어요.

먼저 손해 보험이란, 사고가 나서 재산에 손실을 보았을 때 **보상**해 주는 보험이에요. 주택, 공장 등 불이 났을 때 집주인이나 회사 측에 피해 금액을 지급하는 화재 보험, 자동차 사고가 났을 때 피해자에게 치료비와 자동차 수리비를 주는 자동차 보험 등이 해당돼요.

생명 보험은 사람의 생명에 관한 보험이에요. 사람이 죽으면 가족에게 보험금을 지급하는 종신 보험이 대표적이에요.

이렇게 우리의 일상에서 예상치 못한 일에 대비하도록 도와주는 보험은 중요한 금융 상품이랍니다.

✎ 어휘 풀이

* **보험** 미리 일정한 돈을 적립하여 두었다가 사고를 당한 사람에게 일정 금액을 주어 손해를 보상하는 제도.
* **예측** 앞으로 일어날 일을 미리 짐작하는 것.
* **손실** 잃어버리거나 잘못해서 손해를 봄.
* **보상** 손해를 입었을 때, 손해를 메꿔 주는 것.

1. <보기>를 보고 빈칸에 알맞은 낱말을 채워 보세요.

보기

| 손실 | 보상 | 예측 |

- 엉뚱한 친구의 행동은 ( )을 할 수 없다.
- 전쟁은 사람과 재산에 막대한 ( )을 입힌다.
- 시민들은 국가가 직접 ( )을 해 주기를 바라고 있다.

2. 글의 내용과 일치하면 O, 다르면 X 하세요.

- 유명인이 특정 신체 부위를 다치는 경우에 대비해 드는 보험을 키퍼슨 보험이
라고 한다. ·· ( )
- 주택에 불이 났을 때, 피해 금액을 지급하는 보험은 자동차 보험이다. ··· ( )

3. 글의 내용과 일치하지 않는 설명을 고르세요. ···························· ( )

① 축구 선수 메시는 왼발잡이라 왼발을 보험에 가입했다.
② 자동차 사고가 났을 때 자동차 수리비를 주는 보험은 생명 보험이다.
③ 보험은 예측하기 힘든 일에 대비해 드는 금융 상품이다.
④ 사고가 나서 재산에 손실을 보았을 때 보상해 주는 보험은 손해 보험이다.

4. 여러분은 어떤 위험에 대비하여 보험에 가입하고 싶은가요? 내가 가입하고 싶은 보험과 이유를 써 보세요.

··

··

120

경제 톡 톡 + 이색 보험

선생님…, 저번 주에 여행 가려고 했는데, 비가 와서 가지 못했어요.

이런, 유나가 여행을 가지 못해 속상했군요. 이런 경우를 대비하여 날씨 보험이 있다는 것 알고 있나요?

날씨 보험이요?

여행지 기온이 40도 이상으로 오를 경우 여행비를 전액 환불해 주겠다는 여행 보험사도 있어요.

또 다른 신기한 보험도 있어요?

스키장으로 유명한 국가로 여행을 갔는데, 눈이 안 와서 스키를 타지 못하고 여행을 마친 경우 보험금을 지급하는 '눈 부족 보험', 먹방 유튜버가 소화 불량에 걸렸을 때 치료 비용을 보장하는 '대식가 보험' 등 다양해요.

아, 사람만 보험에 들 수 있어요?

아니에요. 집이나 물건을 보험에 가입하기도 해요. 2021년 한국에서 열린 피카소 특별전에 나온 작품들은 전시회 기간에 총 9,000억 원의 보험에 가입해 있었답니다.

121

4장

****

돈을 똑똑하게
벌어 보자

****

11살 창업가의 벌꿀 레모네이드 창업

어린 시절 벌에 쏘인 후 벌을 무서워했지만, 벌이 만든 꿀로 <u>창업</u>을 한 10대 소녀가 있어요. 바로 '미 앤 더 비즈 레모네이드(Me & the Bees Lemonade)'라는 회사를 세운 어린이 **창업가** 미카일라 울머(Mikaila Ulmer)예요.

벌에 대한 공포를 없애기 위해 부모님은 미카일라에게 책을 한 권 선물해 주셨어요. 그 책에서 꿀벌이 **멸종** 위기라는 사실을 알게 된 미카일라는 마음이 아팠어요. 그러다 우연히 증조할머니의 레모네이드 **레시피**를 발견했어요. 이 레시피는 설탕 대신 꿀을 사용하는 특별한 레시피였죠.

미카일라가 벌꿀을 넣어 만든 레모네이드는 처음엔 집 앞 작은 가

판대에서 팔기 시작했어요. 그러다 입소문을 타고 2015년, TV 프로그램에도 출연해 투자를 받았어요. 2016년에는 유기농 슈퍼마켓 체인 '홀 푸드 마켓'과 1,100만 달러(한화 약 157억 원)의 계약을 했어요. '미 앤 더 비즈 레모네이드'는 수익의 10%를 꿀벌 보호 단체에 기부하고 립밤까지 만들며 다양한 성장을 이루고 있어요.

창업은 단순히 돈을 벌기 위한 수단이 아니라, 사람들의 문제를 해결하고 가치를 제공하는 것이 중요해요. 창업 아이디어는 일상에서 쉽게 찾아볼 수 있으며, 중요한 것은 아이디어를 실제로 실현해 보는 용기와 열정이랍니다. 자신만의 독특한 아이디어와 가치관을 반영한 제품을 만들어 사람들에게 도움이 된다면, 창업가의 꿈을 이룰 수 있을 거예요.

✎ 어휘 풀이

* **창업** 새로운 회사를 만들고 처음으로 사업을 시작하는 것.
* **창업가** 새로운 사업이나 회사를 설립하고 운영하는 사람.
* **멸종** 어떤 생물 종이 완전히 사라져 더 이상 존재하지 않게 되는 것.
* **레시피** 요리나 물건을 만들 때 필요한 재료와 만드는 방법.

1. <보기>를 보고 빈칸에 알맞은 낱말을 채워 보세요.

보기

| 멸종 | 레시피 |

- 호랑이를 비롯한 야생 동물이 ⬭의 위기에 빠졌다.
- 유명한 요리사의 ⬭을(를) 따라 맛있는 음식을 만들었다.

2. 왼쪽의 단어나 문장을 오른쪽의 알맞은 설명과 연결해 보세요.

① 창업 •   • A. 회사를 처음 만든 사람

② 창업자 •   • B. 새로운 사업을 시작하는 것

③ 창업 아이디어 •   • C. 창업을 위해 필요한 돈

④ 창업 자금 •   • D. 새로운 사업을 위한 생각

3. 다음 중 창업을 성공시키기 위해 가장 중요한 것은 무엇인가요? ⋯ (   )

① 운이 좋아야 한다.

② 사람들이 무엇을 원하는지 조사하고 준비한다.

③ 처음부터 창업을 위해 넓은 사무실을 준비한다.

④ 무조건 재밌는 아이디어만 생각한다.

4. 미카일라처럼 창업을 한다면 어떤 일을 해 보고 싶은지 써 보세요.

....

....

....

1. 멸종, 레시피 / 2. ①-B, ②-A, ③-D, ④-C / 3. ②

경 제 톡 톡 소셜 벤처

 요즘에는 특별한 창업이 많이 생기고 있어요. '소셜 벤처'라고 들어 봤나요?

 소셜 벤처요? 처음 들어 보는 말이에요.

 소셜 벤처는 사회 문제를 해결하면서 동시에 돈도 버는 특별한 창업을 말해요. 예를 들어 장애인과 어려운 이웃들에게 안정적인 일자리를 만들어 주는 '두손컴퍼니', 나무를 심어 환경을 보호하는 '트리플래닛', 위안부 할머니들을 돕는 '마리몬드' 등이 있어요.

 어떻게 착한 일을 하면서 돈을 벌 수 있는 거예요?

 소셜 벤처는 특별한 투자를 받기도 해요. 회사가 얼마나 돈을 버는지 뿐만 아니라, 사회에 얼마나 좋은 영향을 주는지도 중요하게 여기는 투자예요. 정부에서도 여러 가지 지원을 하고 있고, 많은 사람이 착한 기업의 제품을 일부러 찾아서 사 주기도 해요.

 그럼 저도 나중에 소셜 벤처를 창업할 수 있겠네요?

 물론이죠! 하지만 창업은 쉽지 않아요. 특히 소셜 벤처는 사회 문제도 해결하고, 돈도 벌어야 해서 더 어려울 수 있어요. 그래도 2021년 조사에 따르면, 소셜 벤처 직원들의 86%가 자기 일에 만족한다고 해요.

 와, 저도 소셜 벤처 창업가가 될래요!

"이봐, 해 봤어?" 현대를 세운 기업가 정신

이봐, 해 봤어?

현대 그룹의 창업자 고 정주영 회장은 소 500마리를 이끌고 북한 땅을 밟은 일화로도 유명해요. 불가능해 보이는 일도 도전하면 이뤄 낼 수 있다는 그의 신념은 현대 그룹을 세계적인 기업으로 성장시켰어요.

가난한 농가에서 태어났지만, 어린 시절부터 불굴의 의지로 다양한 사업에 도전했어요. 그중에서도 현대 자동차는 처음엔 자동차를 만들 기술이 부족해 외국 자동차 회사의 차량을 **조립**하는 회사로 출발했어요. 그러다 첫 자체 브랜드인 포니를 출시하고 **기술 혁신**과 품질 향상을 통해 점점 다양한 차량을 개발했어요.

정주영 회장이 남긴 "시련은 있어도 실패는 없다."와 "이봐, 해 봤어?"라는 말은 그의 <u>기업가 정신</u>을 상징적으로 보여 주는 대목이에요. 도전 앞에서 망설이거나 두려워하는 사람들에게, 직접 해 보지 않고서는 불가능을 논하지 말라는 의미로 자주 쓰이곤 해요.

현대 그룹을 **창립**한 정주영 회장의 기업가 정신은 오늘날에도 많은 이들에게 영감을 주고 있어요. 도전 정신과 강한 의지는 현대의 많은 기업가에게 중요한 가르침을 남기고 있어요.

기업가 정신은 단순히 사업을 시작하는 것 이상의 의미예요. 혁신적인 아이디어를 현실화하고, 위험을 감수하며, 기회를 포착하는 능력이에요. 기업가 정신은 창의력과 혁신, 그리고 도전 정신을 결합한 것으로, 이를 통해 더 나은 사회와 경제를 만드는 데 도움을 줄 수 있어요.

🖋 어휘 풀이

* **기업가 정신** 새로운 아이디어로 문제를 해결하고, 가치와 혁신을 창출하는 능력과 태도.
* **조립** 여러 부품을 모아 하나의 완성된 제품을 만드는 과정.
* **기술 혁신** 새로운 기술을 개발하거나 기존 기술을 획기적으로 개선하여 제품이나 서비스의 질을 높이는 것.
* **창립** 회사나 단체를 처음으로 세움.

내 용 체 크

1. <보기>를 보고 빈칸에 알맞은 낱말을 채워 보세요.

보기

| 기업가 정신 | 창립 |

- 새로운 시장을 개척하고 혁신적인 제품을 만들어 내는 ⟮　　　　　⟯은 성공적인 창업의 핵심이다.
- 올해는 그 회사가 ⟮　　　　　⟯한지 100주년이 되는 해이다.

2. 글의 내용과 일치하면 O, 다르면 X 하세요.

- 정주영 회장은 소 500마리를 이끌고 중국에 갔다. ……………… (　　　)
- 현대 자동차는 처음엔 기술이 부족해 외국 자동차 회사의 차량을 조립하는 회사로 출발했다. ……………… (　　　)

3. 기업가 정신의 핵심 요소로 적절한 것은 무엇인가요? ……………… (　　　)

① 기존의 안정적인 방식을 유지하는 것.
② 새로운 아이디어를 두려워하지 않고 도전하는 것.
③ 실패를 두려워하여 시도하지 않는 것.
④ 경쟁사와의 협력을 피하는 것.

4. 학교생활에서 기업가 정신을 발휘하는 방법을 한 가지 제안해 보세요.

....

....

1. 기업가 정신, 창립 / 2. X, O / 3. ②

경 제 톡 톡   그린 기업가 정신

'굿네이버스'라는 단체 이름을 들어 봤나요?

TV에서 들어 본 것 같아요. 어려운 나라 아이들을 돕는 곳 아닌가요?

맞아요. 굿네이버스는 우리나라에서 시작된 국제 구호 단체예요. 여기도 기업가 정신의 한 예라고 할 수 있어요.

어? 기업가 정신이 꼭 돈을 버는 것만은 아닌가요?

좋은 질문이에요. 기업가 정신은 꼭 돈을 버는 것만이 아니라, 사회 문제를 창의적으로 해결하려는 마음가짐을 말해요.

아, 그러면 저희 반에서 한 재활용 프로젝트도 기업가 정신인가요?

그럼요! 아주 훌륭한 예시예요. 최근에는 '그린 기업가 정신'이라고 해서 환경 문제를 해결하려는 기업가들이 많아지고 있어요.

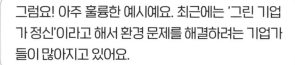

그런 기업가들은 어떤 일을 하나요?

예를 들어, 해양 쓰레기로 신발을 만드는 회사가 있고, 음식물 쓰레기로 에너지를 만드는 회사도 있어요.

131

15초 영상으로 세상을 움직이는 숏폼의 시대

"엄마, 아빠가 어릴 때는 TV 앞에서 만화 영화 시간만을 기다렸다."라는 말이 옛말이 되었어요. 요즘 어린이들은 언제 어디서나 원하는 영상을 볼 수 있거든요.

한국 언론 진행 재단이 발표한 '2023 어린이 미디어 이용 조사' 보고서에 따르면, 초등학교 3학년 때부터 TV를 보는 시간보다 스마트폰을 보는 시간이 많은 것으로 나타났어요. 어린이들이 자주 이용하는 미디어는 유튜브이며, 절반 이상이 **숏폼**을 보는 데 대부분의 시간을 사용한다고 해요.

숏폼은 15초에서 3분 정도의 아주 짧은 동영상을 말해요. 여러분이 좋아하는 틱톡, 유튜브 쇼츠, 인스타그램 릴스가 바로 숏폼이에요. 최근에는 이런 짧은 영상들이 엄청나게 인기를 끌고 있어요. 숏폼 인기를 기업들은 <u>마케팅</u>으로 이용하고 있어요. 이를 '**숏폼 마케팅**'이라고 불러요. 사람들이 긴 영상보다 짧고 재미있는 영상을 더 좋아하기 때문에 이를 마케팅에 활용하는 거죠.

숏폼 마케팅 전문가들은 짧지만 강력한 영상을 만들고, 새로운 아이디어를 생각해 내요. 또 사람들이 좋아할 만한 내용을 연구하고, 만든 영상의 효과를 분석해요. 숏폼 마케팅을 활용하려면 최신 **트렌드**를 잘 파악하고 **데이터 분석 능력**도 갖춰야 해요.

숏폼을 볼 때는 적당히 즐기는 게 좋아요. 계속해서 다음 영상을 보고 싶어져서 숏폼에 중독될 수 있어요. 영상 콘텐츠 뿐만 아니라, 문자, 그림, 노래 등 다양한 종류의 콘텐츠를 균형 있게 보고, 본 내용에 대해 깊이 생각해 보는 시간이 중요해요.

✎ **어휘 풀이**

* **마케팅** 상품이나 서비스를 소비자에게 알리고, 이를 구매하도록 유도하는 활동.

* **숏폼** 짧은 길이의 콘텐츠.

* **숏폼 마케팅** 짧은 동영상을 활용한 마케팅 전략.

* **트렌드** 현재 사람들이 주목하고 따르는 유행이나 흐름.

* **데이터 분석 능력** 데이터를 해석하고 의미 있는 정보를 추출하는 능력.

내 용 체 크

1. <보기>를 보고 빈칸에 알맞은 낱말을 채워 보세요.

보기

숏폼   마케팅

• 성공적인 (　　　　　)은 제품을 알려 판매를 늘리기도 하고, 기업 이미지도 좋게 만들어 준다.

• 틱톡이나 인스타그램 릴스 같은 (　　　　　) 플랫폼은 젊은 세대에게 인기가 많다.

2. 글의 내용과 일치하면 O, 다르면 X 하세요.

• 숏폼 마케팅은 긴 영상이 더 인기가 많아서 잘 사용되지 않는다. ………… (　　　)

• 마케팅을 이해하면 트렌드를 알 수 있다. ………………………………… (　　　)

3. 이 글에 대한 설명으로 바르지 <u>않은</u> 것은 무엇인가요? ……………… (　　　)

① 숏폼은 유튜브, 틱톡, 인스타그램에서 많이 볼 수 있다.

② 숏폼 마케팅은 짧고 강력한 영상으로 사람들의 관심을 끈다.

③ 숏폼 마케팅 분야는 성장 가능성이 낮다.

④ 숏폼에 중독되지 않도록 다양한 종류의 콘텐츠를 골고루 봐야 한다.

4. 여러분이 가장 좋아하는 숏폼 콘텐츠는 무엇인가요? 왜 그 콘텐츠가 마음에 드는지 이유를 써 보세요.

....

....

134

1. 마케팅, 숏폼 / 2. X, O / 3. ③

여러분, 물건을 살 때 어떻게 사나요?

인터넷으로도 사고, 가끔 부모님이랑 마트에도 가요!

맞아요. 요즘은 한 회사가 여러 가지 방법으로 물건을 팔고 있죠. 온라인 쇼핑몰도 있고, 실제 매장도 있고, 모바일 앱으로도 살 수 있어요. 이렇게 여러 판매 방법을 모두 연결해서 물건을 파는 것을 '옴니 채널 마케팅'이라고 해요.

아! 저번에 엄마가 핸드폰으로 물건을 주문하고 근처 매장에서 직접 받아 왔어요.

그게 바로 옴니 채널의 좋은 예시예요. 온라인으로 주문하고 오프라인 매장에서 찾아가는 거예요. 심지어 어떤 매장은 매장에 전시된 제품을 핸드폰으로 바로 주문할 수 있게 해 놓기도 해요.

와, 그럼 더 편하게 쇼핑할 수 있겠네요!

옴니 채널은 고객들이 언제 어디서든 편하게 쇼핑할 수 있도록 도와주는 거예요. 온라인과 오프라인의 장점을 모두 살린 새로운 방식이랍니다.

미래에는 쇼핑이 더 편리해질 것 같아요!

요즘 청소년이 돈 버는 법, 알바

10대 청소년들이 '돈 버는 법'과 같은 키워드를 많이 검색하면서 아르바이트에 관한 관심이 증가하고 있는 것으로 나타났어요.

한 은행의 자료 조사에 따르면, 2023년 1월부터 4월까지 청소년들이 가장 많이 검색한 키워드는 '돈 버는 법'(1만 6,517건)으로, 경제적으로 **주체적**인 성향을 보이는 것으로 분석됐어요.

특히, 청소년들이 선호하는 <u>청소년 아르바이트</u> 유형에서는 단기 알바(아르바이트의 줄임말)가 인기였는데, '상하차 알바'와 '패스트푸드점 알바'가 자주 검색되었어요. 청소년들이 **경제적 자립**을 꿈꾸며, 직접 돈을 버는 방법에 관심을 두고 있어요.

청소년들은 아르바이트를 통해 책임감을 키우고, 경제적 독립을 경험해요. 직접 돈을 벌어 보면서 돈의 가치를 더 깊이 이해하게 되고, 자신의 소비 습관도 되돌아보는 거예요. 일부 청소년들은 자신이 원하는 목표를 이루기 위해 돈을 모으고 있어요. 예를 들어 필요한 전자 제품을 사거나, 여행을 가기 위해 돈을 벌기도 하죠.

하지만 청소년 아르바이트는 지켜야 할 사항들이 있어요. 청소년 근로자는 **근로 기준법**에 따라 보호받아요. 하루 7시간 이상 일하지 못하고, 야간 근로는 금지되어 있어요. 이를 어기는 **고용주**는 법적 처벌을 받을 수 있지요. 청소년들은 자신의 권리를 잘 알고 일해야 해요.

✎ 어휘 풀이

* **청소년 아르바이트** 만 15세에서 만 18세 미만의 청소년들이 학교 외 시간에 일하며 돈을 버는 활동.
* **주체적** 자신의 판단과 의지에 따라 행동하는 것.
* **경제적 자립** 스스로 돈을 벌어 필요를 충족시키는 능력.
* **근로 기준법** 근로자의 권리와 의무를 보호하는 법.
* **고용주** 직원을 고용하여 일을 맡기는 사람이나 회사.

1. <보기>를 보고 빈칸에 알맞은 낱말을 채워 보세요.

> **보기**
>
> 경제적 자립   근로 기준법

- 부모님으로부터 완전한 독립을 하고 싶다면 (   )이 가장 중요하다.

- (   )은 모든 노동자의 권리를 보호하기 위한 법률이다.

2. 글의 내용과 일치하면 O, 다르면 X 하세요.

- 청소년들은 아르바이트를 통해 경제적 독립을 경험한다. ……………… (   )
- 청소년들이 돈을 버는 방법에 많은 관심을 두고 있다. ……………… (   )

3. 글에 대한 설명으로 옳지 <u>않은</u> 것은 무엇인가요? ……………… (   )

① 청소년은 짧은 시간 동안 하는 단기 아르바이트를 선호한다.

② 청소년은 아르바이트를 통해 돈의 가치를 더 깊이 이해하게 된다.

③ 청소년 근로자는 야간 근로도 가능하다.

④ 일부 청소년들은 여행이나 전자 제품 구매를 위해 아르바이트를 한다.

4. 아르바이트를 한다면 어떤 일을 해 보고 싶은지, 그 이유와 함께 설명해 주세요.

_____

_____

경제톡톡 ⁺ 앱테크

저도 아르바이트해서 돈을 벌고 싶은데, 아직 어리다고 부모님이 반대하시더라고요.

아르바이트를 통해 돈을 버는 것도 중요한 경제적 경험이지만, 용돈을 잘 관리하는 것도 중요해요.

용돈 말고 돈을 벌고 싶은데 방법이 없을까요?

물론 있죠! 요즘은 스마트폰의 다양한 앱을 이용한 앱테크도 많이 해요. 앱테크는 앱과 재테크의 합성어로 소소하지만 돈이나 포인트를 쌓을 수 있어요.

오, 어떻게 하는 거예요?

걷기만 해도 포인트를 주는 앱도 있고, 출석 체크를 하거나, 짧은 광고를 보면 포인트를 주는 앱도 있어요. 또 퀴즈를 풀거나, SNS 구독을 누르면 포인트를 주기도 해요.

정말요? 저도 당장 할래요!

하지만 사기가 있을 수도 있으니까 무조건 가입하거나 앱을 설치하면 안 돼요. 특히 많은 포인트를 준다고 하거나, 내 돈을 투자하라고 한다면 꼭 어른들에게 여쭤 보고 해야 해요.

AI가 그린 그림, 지식 재산권의 새 시대 열리나?

　2022년 11월 등장한 '챗 GPT'라는 **AI(인공 지능)**가 이제는 그림 그리기까지 가능해졌어요. 이 AI가 그린 그림이 인터넷에서 **화제**를 모으고 있어요.

　이런 AI 그림의 인기는 단순한 호기심을 넘어 새로운 창작 방식으로 주목받고 있어요. 예를 들어 AI가 그린 '**인류가 사라진 후의 맥도널드**' 같은 독특한 주제의 그림이 유튜브에서 638만 회 조회 수를 기록했어요. AI가 인간의 상상력을 자극하고, 새로운 예술적 표현을 가능하게 한다는 것을 보여 주고 있어요.

　2022년에는 AI가 그린 그림이 미국의 한 미술 대회에서 1등을 했어요. 사람이 아닌 AI가 그린 그림인데, 예술 작품으로 인정되었다는 점에서 논란이 생기기도 했어요. 이러한 AI 그림의 <u>지식 재산권</u> 문제가 새로운 논란이 되고 있어요. 지식 재산권은 사람이 지적 활동으로 만든 **창작물**을 보호하는 **권리**를 말해요. AI가 그린 그림은 사람이 만든 창작물이 아니기 때문에 지식 재산권 문제가 생긴 거예요.

현재 우리나라에서는 AI가 그린 그림의 지식 재산권을 인정하고 있지 않아요. AI를 만든 사람, 또는 AI를 활용해 그림을 완성한 사람 등 누구의 것인지, 어떻게 보호해야 할지 아직 결정하기 어렵기 때문이죠. 앞으로 AI가 어떤 멋진 그림들을 더 그릴지, 그리고 이런 그림들의 지식 재산권 문제를 어떻게 해결할지 기대돼요.

✎ 어휘 풀이

* **지식 재산권** 사람의 지적 활동으로 인하여 발생하는 모든 창작물을 보호하는 권리.
* **AI(인공 지능)** Artificial Intelligence의 줄임말로, 컴퓨터나 기계가 인간처럼 학습하고 추론하며 문제를 해결하는 능력을 갖추도록 만든 기술.
* **화제** 사람들 사이에 많이 이야기되거나 주목받는 사건이나 이슈.
* **인류** 사람들 전체를 가리키는 말.
* **창작물** 사람이 자기 생각과 상상력으로 만들어 낸 새로운 것.
* **권리** 어떤 일을 하거나 요구할 수 있는 정당한 자격.

내 용 체 크

1. <보기>를 보고 빈칸에 알맞은 낱말을 채워 보세요.

보기

지식 재산권   AI

- 사람이 만든 창작물을 보호하는 권리를 (　　　　　　　)(이)라고 해요.
- 사람처럼 생각하고 학습할 수 있는 컴퓨터 시스템을 (　　　　　　)(이)
  라고 불러요.

2. 글의 내용과 일치하면 O, 다르면 X 하세요.

- 현재 우리나라에서는 AI가 그린 그림에 지식 재산권을 인정한다. ⋯⋯⋯ (　　)
- AI는 '인공 지능'의 줄임말이다. ⋯⋯⋯⋯⋯⋯⋯⋯⋯⋯⋯⋯⋯⋯⋯ (　　)

3. AI 그림에 대한 설명으로 옳은 것은 무엇인가요? ⋯⋯⋯⋯⋯⋯ (　　)

① AI가 그린 그림은 지식 재산권이 당연히 인정된다.
② AI가 그린 그림은 인간의 창의성과 동일하다.
③ AI는 아직 그림을 그릴 수 있는 기술이 없다.
④ AI 그림의 지식 재산권이 논란이 되고 있다.

4. 만약 우리나라에서 AI가 그린 그림의 지식 재산권을 인정한다면 누가 지식 재산권을 가져야 할까요? 왜 그렇게 생각하는지 이유를 써 보세요.

....

....

지식 재산권과 특허권

선생님, 지식 재산권이 뭔지 잘 모르겠어요. 어떻게 재산을 머릿속에서 만들 수 있죠?

지식 재산권은 창작물을 보호하는 권리를 말해요. 우리가 땅이나 집 같은 '물리적인 재산'을 소유하는 것처럼, 생각을 통해 만든 창작물이나 발명품도 '재산'으로 보호할 수 있지요. 이걸 지식 재산권이라고 해요.

아, 그래서 유명한 캐릭터를 다른 사람이 함부로 못 쓰는 거군요?

맞아요! 그게 바로 지식 저작권의 한 예시예요. 만화, 음악, 영화 같은 창작물은 저작권을 통해 보호받아요. 그리고 물건을 발명하면 특허권으로 보호돼요. 이게 없으면 남들이 나의 아이디어를 훔쳐서 더 유명해질 수도 있어요.

그럼 만약 제가 새로운 발명품을 만들면, 그걸 지식 재산권으로 등록하면 되는 거죠?

그렇죠. 그 발명품은 특허권으로 보호할 수 있어요. 누군가가 발명품을 사용하고 싶다면 시우의 허락을 받아야 하고, 그 대가로 돈을 받을 수도 있어요.

우주 비행사도 근로 소득을 받아요

우주 비행사는 많은 어린이들의 꿈이지만, 실제로는 매우 위험하고 되기도 어려운 직업이에요. 우주 비행사들은 우주인이라 불리고, 미 항공 우주국(NASA)에 지원해 여러 가지 테스트를 거친 뒤 선발되어요.

우주 비행사가 되려면 뛰어난 신체 조건과 실력을 갖춰야 하고, 수년간의 고된 훈련도 견뎌 내야 해요. 우주에서의 임무 수행은 언제나 위험이 따르고, 작은 실수도 허용되지 않아요. 이렇게 특별해 보이는 우주인들도 근로 소득을 받아요.

우주 비행사의 평균 연봉은 약 1억 4천만 원에서 2억 원 사이라고 알려져 있어요. 지구에서 할 수 없는 무중력 실험을 비롯해, 우주 정거장에서 실험하기 위해 땅에서 훈련을 계속하며 근무해요.

우주 비행사들은 근로 소득을 보통 한 달에 한 번 지급되는 **월급**으로 받아요. 하지만 근로 소득에서 모든 돈을 다 받는 건 아니에요. 세금과 보험료 등이 **공제**된 후의 금액을 받게 돼요. 이렇게 공제 후 실제로 받는 돈을 **실수령액**이라고 해요.

정부는 근로자들을 보호하기 위해 최저 임금이라는 제도를 만들었어요. 이는 근로자들이 받아야 할 최소한의 임금을 정해 놓은 거예요.

근로 소득은 우리 생활에 매우 중요해요. 이 돈으로 음식을 사고, 여행을 가는 등 생활에 필요한 것들을 할 수 있어요.

✎ 어휘 풀이

* **근로 소득** 일해서 받는 돈.
* **월급** 한 달 동안 일한 대가로 받는 돈.
* **공제** 일정 금액을 미리 떼어 내거나 제외하는 것.
* **실수령액** 세금이나 각종 공제 항목을 제외한 후 실제로 받는 돈.

내 용 체 크

1. <보기>를 보고 알맞은 낱말을 넣어 문장을 완성해 보세요.

```
보기
실수령액          공제          월급
```

- 보통 한 달에 한 번 받는 (　　　　　　)에서 세금과 보험료 등이
（　　　　　　）된 후 받는 실제 금액을 （　　　　　　）(이)라고 한다.

2. 글의 내용과 일치하면 O, 다르면 X 하세요.

- 우주 비행사들도 근로 소득을 받는다. .... (　　　)
- 우주 비행사가 되려면 뛰어난 신체 조건이 필요하다. .... (　　　)

3. 글의 내용과 일치하지 <u>않는</u> 설명을 고르세요. .... (　　　)

① 우주 비행사는 지구에서 할 수 없는 실험을 수행한다.
② 최저 임금은 모든 근로자가 받아야 할 최대한의 임금을 정한 제도다.
③ 우주 비행사가 되려면 수년간의 고된 훈련을 견뎌 내야 한다.
④ 우주 비행사는 우주인이라고 불린다.

4. 내가 집에서 할 수 있는 일을 생각해 보고, 이 일에 대한 근로 소득은 얼마가 적당할지 그 이유도 함께 써 보세요.

....

....

146

선생님, 용돈도 월급으로 볼 수 있나요?

매달 받는 용돈은 매달 받는 돈이라 월급으로 생각할 수 있겠네요. 하지만 용돈은 근로 소득이 아니에요. 근로 소득은 다른 사람에게 고용되어 일하고 받는 돈을 말해요.

그럼 일을 많이 할수록 돈을 많이 벌겠네요?

맞아요! 정해진 시간보다 더 오래 일했을 때 받는 것을 추가 수당이라고 해요.

와, 그럼 저는 매일매일 오래 일할래요.

하지만 법으로 초과 근무 시간을 제한하고 있어요.

왜 근무 시간을 제한해요?

너무 오래 일하면 건강에 안 좋을 수 있어서, 법으로 제한하는 거예요.

건강에 좋지 않은 걸 알면서도 일을 많이 시키는 회사들도 있다고 들었어요. 돈을 많이 벌려는 욕심 때문에 건강까지 해치며 일하는 건 절대 있어서는 안 될 것 같아요.

초등학생도 한다, 유튜브 스타!

"**구독**과 좋아요, 알림 설정까지 부탁드려요!" 요즘 아이들에게 가장 친숙한 인사말이에요. TV보다 유튜브를 더 많이 보는 시대가 되었죠. 2024년 교육부·한국 직업 능력 연구원 조사에 따르면 유튜버와 같은 **크리에이터**가 초등학생이 희망하는 직업 3위를 차지했어요. 특히 유튜브에는 재미있는 영상도 많고, 배우고 싶은 내용도 쉽게 찾을 수 있어요. 유튜브에 관심이 커지면서, 유튜브를 통해 돈을 버는 직업인 유튜버가 뜨고 있어요.

유튜버는 자신의 채널에 영상을 올리고, 많은 사람이 그 영상을 보면 돈을 벌 수 있어요. 유튜버들이 버는 돈은 <u>사업 소득</u>에 속해요. 초등학생 중에서도 유튜브에 영상을 올려서 돈을 버는 친구들이 있다고 해요.

우리가 돈을 버는 방법에는 여러 가지가 있어요. 회사에서 일하고 월급 형태로 돈을 받을 수도 있고, 아르바이트를 해서 돈을 벌 수도 있어요. 이런 것을 근로 소득이라고 해요.

사업 소득은 조금 달라요. 사업 소득은 내가 무언가를 만들어 팔거나, 서비스를 제공해서 돈을 버는 활동을 말해요. 유튜버가 어떤 영상을 만들지 계획하여 영상을 만들고, 그 영상을 사람들이 많이 봐서 **수익**을 얻는 것은 사업 소득의 하나예요.

그 외에도 레스토랑 사장님이 음식을 만들어서 손님들에게 팔아 돈을 버는 활동이 있어요. 세탁소를 운영하는 사장님이, 사람들이 맡긴 옷을 깨끗하게 세탁해 주는 서비스로 돈을 버는 활동도 사업 소득이에요.

✎ 어휘 풀이

* **사업 소득** 내가 내 일을 하여 내 물건을 팔거나 서비스를 제공해서 번 돈.
* **구독** 신청을 통해 온라인에서 콘텐츠를 지속적으로 받아 보거나 이용함.
* **크리에이터** 유튜브나 틱톡 등 SNS에 영상 콘텐츠를 만들어 올리고, 이를 통해 구독자나 조회 수를 기반으로 수익을 창출하는 사람.
* **수익** 일이나 사업 등을 하여 거두게 되는 이익.

1. <보기>를 보고 빈칸에 알맞은 낱말을 채워 보세요.

┌─────────── 보기 ───────────┐
│   수익   사업 소득   │
└────────────────────────────┘

- 이모는 주식 투자로 많은 (　　　　　)을 냈다.
- 뜨거운 여름날 아이스크림을 만들어서 팔고 받은 돈은 (　　　　　)이다.

2. 글의 내용과 일치하면 O, 다르면 X 하세요.

- 돈을 버는 방법에는 사업 소득만 있다. ·························· (　　　)
- 유튜버가 영상으로 번 돈은 사업 소득이다. ·················· (　　　)

3. 이 글의 중심 낱말을 괄호에서 찾아 ○표 하세요.

┌──┐
│ ○ (사업 소득 / 근로 소득)은 내가 무언가를 만들어 팔거나, 서 │
│ ○ 비스를 제공해서 돈을 버는 활동을 이야기해요. 그 외에도 물건을 │
│ ○ 팔아서 돈을 버는 활동, 사람들이 맡긴 옷을 깨끗하게 세탁해 주는 │
│ ○ (서비스 / 봉사)로 돈을 버는 활동 모두 사업 소득이랍니다. │
│ ○   │
│ ○   │
└──┘

4. 여러분이 유튜브를 한다면 어떤 내용으로 유튜브 채널을 만들고 싶나요?
　내가 관심 있는 것, 좋아하는 것, 잘하는 것을 생각해 보세요.

· 채널명

· 채널 내용

1. 수익, 사업 소득 / 2. X, O / 3. 사업 소득, 서비스

부가 가치세

 부가 가치가 뭐예요, 선생님?

 쉽게 설명하면 물건이나 서비스의 가치를 높이는 거예요. 예를 들어 커피 원두를 그냥 파는 것보다 맛있는 커피를 만들어 파는 게 더 비싸겠죠?

 저도 얼마 전에 물건을 사고 난 후 영수증을 보니 부가 가치세 항목이 포함되어 있었어요. 부가 가치세랑 부가 가치랑 연관이 있나요?

 부가 가치세는 물건이나 서비스를 살 때 내는 세금이에요. 보통 가격의 10%를 더 내야 해요. 예를 들어 1만 원짜리 장난감을 사면 1천 원의 부가 가치세를 더 내는 거죠.

 그럼 모든 물건을 살 때 세금을 더 내야 해요?

 아니에요. '면세'라고 해서 부가 가치세를 내지 않아도 되는 물건이나 서비스도 있어요. 쌀이나 채소 같은 기본적인 음식물, 병원비, 책값 등은 면세예요.

 아, 그래서 병원에 가면 10%가 안 붙는 거군요!

 맞아요! 생활에 꼭 필요한 것들은 세금 부담을 줄여 주는 거예요.

타이타닉호 침몰, 소득세 탄생의 계기

Atlantic Productions/Magellan

© 애틀랜틱 프로덕션·마젤란

최근 타이타닉호의 3D 스캔 이미지가 공개되어 화제가 되고 있어요. 이 이미지는 깊은 바닷속 타이타닉호의 모습을 자세히 보여 주며, 사고 원인을 밝히는 데 중요한 단서가 되었어요.

1912년 4월, 세계 최대 여객선 타이타닉호가 빙산과 충돌해 침몰했어요. 2,200여 명의 승객 중 약 1,500명이 목숨을 잃은 안타까운 사고였어요. 타이타닉호는 100년이 훌쩍 지난 지금까지도 많은 사람의 호기심을 자극하고 있어요.

그런데 타이타닉호 사고는 미국의 세금 제도에도 큰 변화를 가져왔어요. 당시 탑승객 중 3등실 승객들보다 1등실에 있던 **부유층** 승객들의 생존율이 훨씬 높았어요. 그 사실이 알려지면서 **사회적 불평등**

에 대한 문제의식이 커졌어요. 이를 계기로 미국에서는 부자들의 사회적 책임을 강조하는 목소리가 높아졌고, 결국 소득세 도입으로 이어졌어요.

소득세는 개인이 벌어들인 소득에 대해 내는 세금이에요. 미국은 타이타닉호 사고 이후, 1913년 헌법 16조를 통과시켜 소득세를 **합법화**했어요. 이로써 정부는 부유층에게 더 많은 세금을 걷을 수 있게 되었고, 이는 사회 불평등을 줄이는 데 도움이 되었어요.

타이타닉호의 침몰은 단순한 해양 사고를 넘어, 현대 세금 제도의 중요한 **전환점**이 되었어요. 이렇게 하나의 사건이 사회 제도를 크게 바꾸기도 해요. 소득세는 지금도 많은 나라에서 중요한 세금으로 자리 잡고 있어요.

✎ 어휘 풀이

* 소득세 사람들이 벌어들인 돈(소득)에 대해 정부에 내는 세금.
* **부유층** 돈이나 재산이 많은 사람들.
* **사회적 불평등** 사회에서 사람들 사이에 기회나 대우가 공평하지 않은 상태.
* **합법화** 법으로 인정되지 않던 것을 법으로 인정하고 허용하는 것.
* **전환점** 어떤 상황이나 일이 크게 바뀌는 중요한 시기.

1. <보기>를 보고 빈칸에 알맞은 낱말을 채워 보세요.

보기

소득세   사회적 불평등

• 개인이 벌어들인 돈에 대해 정부에 내는 세금을 [   ](이)라고
  한다.

• 사회에서 사람들 사이에 기회나 대우가 공평하지 않은 상태를
  [   ](이)라고 한다.

2. 글의 내용과 일치하면 O, 다르면 X 하세요.

• 타이타닉호 사고는 미국의 소득세 도입에 영향을 주었다. ················· (   )
• 타이타닉호 사고 당시 3등실 승객 생존율이 1등실보다 높았다. ·········· (   )

3. 다음 중 소득세를 내지 <u>않는</u> 경우는 무엇인가요? ················· (   )

① 회사에서 월급을 받을 때
② 예금을 해서 이자를 받았을 때
③ 친구에게 생일 선물을 받았을 때
④ 집을 팔아서 이익을 얻었을 때

**4. 학교에서 친구들 사이에 차별이나 불공평한 일이 없도록 하려면 어떤 규
칙이 필요할까요? 자유롭게 써 보세요.**

....

....

세금을 내는 이유

우리나라에서는 모든 국민이 세금을 내요. 근데 왜 세금을 내야 할까요?

 정부가 돈이 필요해서 세금을 받는 것 같아요.

 세금은 우리 모두를 위해 필요한 돈이에요. 예를 들어 도로나 공원을 만들고, 학교를 짓고, 소방차나 경찰차를 운영하는 데 모두 세금이 필요하죠.

 선생님, 그럼 우리 학교도 우리가 내는 세금으로 지은 거예요?

 맞아요! 그리고 아픈 사람을 돕거나, 어려운 사람을 도와주는 데도 세금이 쓰여요. 마치 모두가 조금씩 돈을 모아서 서로를 돕는 원리예요.

 그럼 부자들은 더 많이 내는 거예요?

 네, '누진세'라는 제도가 있거든요. 돈을 많이 벌수록 높은 세율을 적용해요. 예를 들어, 100만 원 번 사람은 10만 원 내고, 1,000만 원 번 사람은 200만 원을 내는 식이에요. 돈을 많이 버는 사람이 더 많은 세금을 내서 어려운 사람들을 돕는 거죠.

 세금은 우리 사회를 더 좋게 만드는 데 꼭 필요한 거네요.

5장

돈을 차곡차곡
불려 보자

선 넘었다, 치킨 한 마리에 3만 원 시대

치킨 회사가 치킨 가격을 2년 만에 또 인상했어요. 배달비를 포함하면 치킨 1마리의 가격은 거의 3만 원이에요.

치킨 회사들이 치킨 가격을 인상한 이유는 재료비, 인건비, **임대료** 등이 올랐기 때문이에요. 치킨값에는 다양한 비용이 포함돼요. 닭과 기름, 튀김 가루, 양념 소스와 같이 요리에 필요한 재료비, 치킨 가게에서 일하는 직원에게 주는 인건비, 가게 건물에 내는 임대료 등을 모두 생각해서 치킨 가격을 매겨요. 재료비, 임대료, 인건비 등이 오르면 치킨 가격도 오를 수밖에 없지요.

치킨, 과자, 짜장면, 냉면 등 여러 상품이나 서비스의 가격을 물가라고 해요. 당장은 물가가 오르지 않거나 내려갈 수도 있지만 오랜 시간이 지나면 물가는 어느새 **전반적**으로 올라요. 할머니, 할아버지 시절에는 과자가 100원, 짜장면이 500원이었다는 말 많이 들어 봤지요? 하지만 40년이 지난 요즘은 과자는 1,000원을 훌쩍 넘었고, 짜장면도 7,000원 이상이지요. 물가가 거의 대부분 10배 이상씩은 올랐어요.

시간이 지나면서 점점 돈의 양이 많아지고, 돈의 가치는 떨어져요. 그리고 물가는 전체적으로 계속 오르게 되는 현상을 **인플레이션**이라고 해요. 20년 전에는 1만 원으로 치킨 한 마리를 살 수 있었어요. 그런데 지금은 같은 1만 원으로 치킨 반 마리도 사기 힘들지요. 그만큼 돈의 가치가 떨어졌다고 생각할 수 있어요.

✎ 어휘 풀이

* **인플레이션** 돈의 양이 늘어나면서 돈의 가치가 떨어지고 물가가 전반적으로 오르는 현상.
* **임대료** 다른 사람의 물건이나 건물을 빌린 대가로 내는 돈.
* **전반적** 어떤 일이나 부문에 대하여 그것과 관계되는 전체에 걸친 것.

내 용 체 크

1. <보기>를 보고 빈칸에 알맞은 낱말을 채워 보세요.

보기

| 인플레이션 | 전반적 |

- [   ] 때문에 돈의 양은 늘고 물가는 올랐다.
- 우리 반은 [   ]으로 지각을 하지 않는다.

2. 글의 내용과 일치하면 O, 다르면 X 하세요.

- 물가가 오르면 돈의 가치는 떨어진다. ································ (   )
- 오랜 시간이 지나면 물가는 전반적으로 오른다. ····················· (   )

3. 이 글을 읽고 바르지 않게 설명한 학생은 누구인가요? ················· (   )

① 진우 : 치킨 가격에는 재료비와 인건비만 포함돼.

② 도혁 : 물가는 다양한 제품과 서비스의 가격이야.

③ 서아 : 물가가 오르면 돈의 가치는 떨어지지.

④ 영주 : 돈의 양이 많아지면서 물가가 오르는 현상을 인플레이션이라고 해.

4. 우리 주변에서 물가가 상승한 사례를 찾아 써 보세요.

....

....

물가는 왜 계속 오르기만 하는 걸까?

그러게 말이야. 경제 신문을 보면 온통 물가가 올랐다는 소식밖에 없어.

돈의 양이 줄어들면서 돈의 가치가 높아지고, 물가는 내려가는 현상을 '디플레이션'이라고 해요. 물가는 언제 내려갈까요?

음, 물건들이 많을 때요!

그렇죠. 회사들이 물건을 아주 많이 만들어서 살 사람보다 물건이 많으면 물가는 싸질 수 있어요.

그럼 물건이 잘 안 팔린다는 뜻이니까 경제 상황이 안 좋은 때인 거죠?

네, 경제 상황이 아주 나빠진다면 물건을 만드는 사람도 사는 사람도 줄어들어서 물가가 내려가는 거예요. 물가가 너무 많이 올라도, 너무 많이 떨어져도 경제에 좋은 건 아니랍니다.

물가가 많이 오르지도 않게 하고, 많이 내리지도 않게 잘 조절하려면 쉽지 않겠어요.

161

어린이도 주식 투자를 한다고요?

2020년 코로나 이후로 많은 사람들이 <u>주식</u>에 투자하고 있어요. 어른들뿐만 아니라 아이들도 주식을 사고 있다고 해요.

증권 업계에 따르면 미성년자 **주주**는 코로나 이전보다 약 15배 정도 늘었어요. 특히 우리나라에서 가장 큰 회사인 삼성전자의 미성년자 주주는 40만 명이나 된대요. 코로나 이전보다 약 21배 증가한 숫자예요.

주식은 **주식회사**에서 **자본금**을 마련하기 위한 목적으로 발행하는 **증서**예요. 예를 들어 내가 회사를 차리고 싶은데 돈이 부족하다면, 여러 사람이 회사의 주인이 되어서 각자 돈을 낼 수도 있어요. 그리고 그 대가로 회사의 자본을 여러 조각으로 나누어 그들에게 주는 거예요. 이렇게 나눈 여러 조각의 증서를 주식이라고 해요.

주식을 가진 사람을 주주라고 불러요. 주식회사 일부분을 소유한 주인이라고 볼 수 있지요. 주주들은 가지고 있는 주식 수만큼 회사 경영에 참여하거나 수익을 나누어 받아요.

주가가 변하는 이유는 여러 가지예요. 회사가 성장해서 주식의 가치가 올라가면 주가가 오를 수 있고, 반대로 회사의 상황이 안 좋아지면 주가가 내려갈 수도 있어요. 그리고 주식을 사고 싶어 하는 사람이 더 많으면 가격이 오를 수도 있고, 반대로 주식을 팔고 싶어 하는 사람이 더 많으면 가격이 내려갈 수도 있지요. 오르락내리락하는 주가의 모습은 마치 롤러코스터 같아요.

✎ 어휘 풀이

* **주식** 주식회사에서 자금을 마련할 목적으로 발행하는 증서.
* **증권 업계** 주로 주식과 같은 증권업에 일하는 사람들이 모인 곳.
* **주주** 주식회사의 주식을 가진 사람이나 회사.
* **주식회사** 주식을 발행해서 자본금을 마련하는 회사.
* **자본금** 주식회사를 만들 때 주주들이 낸 돈.
* **증서** 권리, 의무, 사실 등을 증명하는 서류.
* **주가** 주식의 가격.

1. <보기>를 보고 빈칸에 알맞은 낱말을 채워 보세요.

보기

주식   주주   증서

- 앞으로 이 회사의 제품이 인기가 많아질 것 같아서 ⃝을(를) 샀다.
- 내가 좋아하는 회사의 주식을 사서 ⃝이(가) 되었다.
- 이 ⃝은(는) 내가 주주라는 것을 증명해 주는 서류이다.

2. 글의 내용과 일치하면 O, 다르면 X 하세요.

- 미성년자 주식 투자자들은 줄어들고 있다. ·················· (   )
- 지금보다 코로나 이전에 더 많은 사람이 주식 투자를 했다. ················ (   )

3. 이 글을 읽고 바르지 <u>않게</u> 설명한 학생은 누구인가요? ·················· (   )

① 어른들뿐만 아니라 아이들도 주식에 투자하는 사람이 늘어났다.
② 주식은 자본금을 마련할 목적으로 발행하는 증서이다.
③ 주주는 수익 일부를 나누어 받을 수 있다.
④ 주식을 사고 싶어 하는 사람이 많으면 주가가 내려간다.

4. 다음 단어를 활용해서 짧은 문장을 만들어 보세요.

주식
···

주주
···

주가
···

선생님, 저 돈 생겼어요! 용돈을 모아서 주식을 샀는데, 그 회사에서 돈을 줬어요. 얼마 안 되지만요.

와, 축하해요! 배당금을 받은 거군요.

 배당금이 뭐예요?

배당금은 주식회사가 벌어들인 돈의 일부를 주주들에게 나누어 주는 돈이에요. 가지고 있는 주식 수에 따라 배당금도 달라져요. 주식을 많이 가지고 있다면 더 많은 배당금을 받고, 주식을 적게 가지고 있다면 적은 배당금을 받아요.

 우아! 그런 게 있어요? 저도 당장 주식 살래요.

하지만 모든 주식회사가 배당금을 주는 건 아니에요.

 배당금을 안 주는 주식회사는 왜 그런 거예요?

벌어들인 돈 일부를 배당금으로 쓰는 대신 다른 사업에 다시 투자할 수도 있기 때문이에요. 그 돈으로 새로운 시설을 만들거나 다른 기술을 개발하기 위해 돈을 쓴다면 회사가 더욱 성장할 수도 있거든요. 회사가 성장하면 주식 가치가 더 오를 수 있겠지요?

방이 무려 775개, 세계에서 가장 비싼 집

세계에서 가장 비싼 집은 어디에 있고 가격은 얼마나 할까요?

미국의 한 잡지사 자료에 따르면 가장 비싼 집은 영국 버킹엄 궁전이에요. 영국 왕실이 주인인 버킹엄 궁전은 **부동산** 가치로 약 3조 5천억 원이라고 합니다. 영국의 수도 런던에 있으며 건물 안에 775개의 객실과 78개의 욕실, 92개의 사무실, 19개의 접견실이 있어요.

그다음 비싼 집은 인도에서 예술의 도시로 유명한 뭄바이에 있는 '안틸라' 건물이에요. '안틸라' 건물은 약 1조 2천억 원 정도의 가치가 있어요. 여러 건물을 포개 놓은 것처럼 **외관**이 특별하며 강한 지진에도 견딜 수 있도록 설계됐어요. 건물 안에는 영화관, 미용실도 있고 3개의 헬기 착륙장도 있어요.

부동산은 집이나, 건물, 땅과 같이 옮길 수 없는 재산이에요. 부동산은 쉽게 움직이기 어렵기 때문에 부동산이 차지하고 있는 **위치**가 중요해요. 지방보다는 **수도**에 있는 부동산, 그리고 바다나 강, 호수 등 특별한 **자연환경**을 끼고 있는 부동산일수록 가치가 높아요.

땅이나 건물의 크기가 크고, 생김새가 특별할수록 그 가치는 높아질 수 있어요. 사람들이 많이 다니고 교통이 편리한 지역 주변의 부동산 가치가 높아지기도 해요. 그래서 많은 사람이 나중에 부동산의 가치가 상승할 것을 기대하며 투자해요. 하지만 부동산 투자에는 상당한 돈이 필요하고, 사고파는 데 시간이 걸리는 특징이 있어요.

✏️ 어휘 풀이

* **부동산** 땅, 집, 건물 등과 같이 움직이지 않는 재산.
* **외관** 겉으로 드러난 모양.
* **위치** 일정한 장소에 자리를 차지함. 또는 그 자리.
* **수도** 한 나라에서 중심이 되는 도시.
* **자연환경** 땅의 생김새와 기후같이 우리 주위를 둘러싸고 있는 환경.

내 용 체 크

1. <보기>를 보고 빈칸에 알맞은 낱말을 채워 보세요.

보기

| 외관 | 위치 | 수도 |

• 대한민국의 ⬡⬡⬡ 은(는) 서울이다.

• 그 자동차의 ⬡⬡⬡ 은(는) 화려하고 멋있다.

• 도서관의 ⬡⬡⬡ 은(는) 방문하기 편리한 곳에 있다.

2. 글의 내용과 일치하면 O, 다르면 X 하세요.

• 세계에서 가장 비싼 집은 영국의 버킹엄 궁전이다. ··············· (   )

• 안틸라 건물은 인도의 수도에 자리 잡고 있다. ··············· (   )

3. 부동산에 대한 설명으로 바르지 않은 것을 고르세요. ··············· (   )

① 집이나 건물, 땅과 같은 재산을 말한다.

② 부동산은 쉽게 움직일 수 있는 특징이 있다.

③ 부동산은 사고파는 데 시간이 오래 걸린다.

④ 특별한 자연환경에 위치할수록 부동산의 가치가 높아진다.

4. 부동산의 의미를 생각하며 '부동산'으로 삼행시를 지어 보세요.

부
....

동
....

산
....

 여러분, 역세권이라는 말 들어 본 적 있나요?

 들어 본 적 있어요. 지하철역과 관련된 말 아닌가요?

 맞아요. 역세권은 기차역이나 지하철역이 근처에 있는 지역을 말해요. 부동산은 움직이지 않기 때문에, 주변에 무엇이 있는지에 따라 가격이 달라질 수 있거든요.

 병원이 주변에 있는 병세권, 주변에 숲이 있는 숲세권, 공원이 있는 공세권과 같은 곳도 인기가 있다고 들었어요.

 그렇죠. 그러면 우리 교실에서도 여러분의 책상 자리가 있는데 어떤 자리가 인기가 많을지 생각해 볼까요?

 음, 저는 에세권이요! 여름에 너무 더운데 에어컨 가까이 있는 자리는 엄청 시원해서 좋거든요.

 저는 칠세권이요. 수업을 잘 들을 수 있고 칠판의 글씨도 잘 보여서 칠판 바로 앞자리가 좋아요.

 하하, 에세권, 칠세권이라는 말이 재미있네요. 내가 좋아하는 자리 주변에 무엇이 있는지 살펴보면 부동산에 대해 더 잘 이해할 수 있을 거예요.

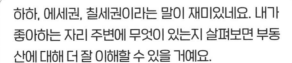

금값은 계속 고공 행진 중

국제 **금값**이 사상 최고가를 **경신**하며 **고공 행진**하고 있어요. 한국 거래소에 따르면 2024년 초 금 1g의 가격은 8만 7천 원에서 몇 달 만에 12만 원으로 30% 이상 올랐어요.

금은 예전부터 구하기 쉽지 않아서 가치가 높은 재산이었어요. 녹슬거나 부서지지 않아 아름다운 장식품을 만들 때도 많이 쓰이고, 돈 대신 쓰이기도 했지요. 사람들은 지금도 금을 신뢰해요.

최근에 금값이 오르는 이유는 여러 가지가 있어요.

첫 번째 이유는 미국 은행에서 **금리**를 내리려고 하기 때문이에요. 금리가 낮아지면 저축을 해도 이자가 얼마 안 되니까 그 돈이 금을 사는 데 쓰일 수 있어요.

두 번째 이유는 경제 상황이 안 좋아지면 금 가격이 오르기 때문이에요. 사람들은 경제 상황이 안 좋아지면 주식과 같은 위험한 자산보다는 금처럼 조금 더 안전한 자산을 사려고 해요. 경제 상황이 안 좋아질 것으로 예상하는 사람들이 많은 것도 금 가격이 오르는 이유 중 하나예요.

반대로 경제가 좋아지고 금리도 높아지면 금을 찾는 사람들은 줄어들어요. 그리고 금 가격도 내려가지요. 그래서 지금 금값이 오르고 있다고 해도 갑자기 떨어질 수 있으니 조심해야 해요.

주식이나 부동산처럼 금도 투자할 수 있고, 실제로 사람들은 금에 투자를 많이 하고 있습니다. 금과 같이 생산의 원료가 되는 투자 대상을 **원자재**라고 해요. 원자재는 금, 은, 구리와 같은 금속을 비롯해 석유, 목재, 곡식 등 다양한 종류가 있어요.

✍ 어휘 풀이

* 금 황색의 빛이 나는 금속 원소. 경제 상황이 안 좋을 때 가격이 올라가는 특징이 있음.
* 금리 빌려준 돈, 저축한 돈에 붙는 이자, 또는 이자율.
* **경신** 이전의 최고치나 최저치를 깨뜨림.
* **고공 행진** 가격이 치솟거나 계속 오르는 현상.
* **원자재** 생산의 원료가 되는 재료.

171

1. <보기>를 보고 빈칸에 알맞은 낱말을 채워 보세요.

보기

| 고공 행진 | 경신 | 금리 |

- 기름값이 [   ]을(를) 이어 가서 난방비가 급격히 오르고 있다.
- 중앙은행은 [   ]을(를) 내린다는 정책을 발표했다.
- 올림픽에서 양궁 최고 기록을 [   ]했다.

2. 글의 내용과 일치하면 O, 다르면 X 하세요.

- 금값이 오르면 은값도 같이 오른다. ································· (   )
- 금은 장식품이나 돈 등 다양한 곳에 쓰인다. ····················· (   )

3. 금에 대한 설명으로 바르지 않은 것을 고르세요. ················· (   )

① 금은 예전부터 귀한 재산이었다.
② 금리가 낮아지면 금 가격이 오를 수 있다.
③ 경제 상황이 나빠지면 금 가격은 내려간다.
④ 원자재의 한 종류로 금에 투자할 수 있다.

4. 금 가격은 언제 오르고 언제 떨어지는지 설명해 보세요.

··

··

1. 고공 행진, 금리, 경신 / 2. X, O / 3. ③

 **경제 톡톡** **투자의 넓은 뜻**

 물가는 시간이 지나면서 오르기 때문에 돈을 그대로 두면 가치가 떨어져요. 그래서 사람들은 투자를 통해 돈을 불리려고 하지요.

 선생님! 저도 어른들처럼 투자하고 싶은데 제가 주식이나 금, 사업에 투자하기 쉽지 않은 것 같아요.

 맞아요. 투자하려면 여러 가지를 알아야 하고 돈도 많이 필요하지요. 그런데 여러분도 지금 '열심히 투자하고 있다는 사실' 알고 있나요?

 네? 저희가요?

 그래요. 시우는 멋진 축구 선수가 되기 위해 매일 드리블 연습, 슛 연습을 하면서 열심히 노력하고 있잖아요.

 저는 웹툰 작가가 되기 위해 매일 1시간씩 그림 그리기 연습을 꾸준히 하고 있어요.

 여러분 모두 꿈을 이루기 위해 시간과 노력을 들이고 있어서 훌륭해요. 열심히 자기 자신에게 투자하는 모습이 보기 좋네요. 분명 멋진 축구 선수, 웹툰 작가가 될 수 있을 거예요.

미국을 비트코인 강대국으로 만들게요

"미국을 암호 화폐의 수도이자 비트코인 강대국으로 만들겠습니다! 여러분의 <u>비트코인</u>을 절대 팔지 마세요."

미국의 대통령 선거 때, 한 후보가 2024년 국제 비트코인 콘퍼런스에서 한 말입니다. 이후 비트코인의 가격이 급등하기도 했어요. 이 후보는 자신이 대통령이 되면 '암호 화폐 대통령 자문 위원회'를 만들겠다고도 **공약**했어요. 이에 다른 후보도 관련 기업들과 만나 대화하면서 암호 화폐에 대한 공약을 준비하는 모습을 보였어요.

비트코인이 무엇이길래 미국 대통령 후보들이 관심을 보이는 것일까요? 비트코인은 특별한 화폐예요. 컴퓨터, 스마트폰 등 온라인상에서만 사용할 수 있는 디지털 화폐이지요. 그런데 기존의 디지털

174

화폐와는 차이가 있습니다. 바로 정부나 중앙은행에서 관리하지 않는 화폐라는 점이에요. 원래 화폐는 정부와 중앙은행에서 발행하고 개인의 거래 기록은 은행에 장부로 보관됩니다. 그런데 비트코인은 정부나 중앙은행이 아닌 일반 사람들이 발행하고 관리해요. 중앙 통제에서 벗어났다고 해서 **탈중앙화**라고 해요.

그리고 **블록체인** 기술을 사용해서 암호화했기 때문에 해킹당하거나 공격받을 위험도 거의 없습니다. 그래서 비트코인은 암호 화폐라고도 불려요.

비트코인도 주식이나 금처럼 투자가 가능해요. 최근 몇 년 사이에 가격이 많이 오르기도 해서 디지털 금이라고도 불립니다.

✎ 어휘 풀이

* **비트코인** 블록체인 기술로 암호화된 대표적인 디지털 화폐. 암호 화폐이자 최초의 탈중앙화된 디지털 통화.
* **공약** 선거에서 뽑히면 지키겠다고 하는 약속.
* **탈중앙화** 한 사람이나 기관의 중앙 시스템이 관리하는 것이 아니라 많은 사람들이 통제하고 책임을 지는 것.
* **블록체인** 거래 정보가 기록된 블록에 새로운 블록을 계속 추가 연결해서 데이터를 저장하는 방법. 블록은 모든 사람에게 전송되어 쉽게 바꿀 수 없으므로 보안성이 높음.

내 용 체 크

1. <보기>를 보고 빈칸에 알맞은 낱말을 채워 보세요.

보기

공약   탈중앙화   블록체인

- 암호 화폐는 (   ) 기술을 사용해서 보안성이 높다.
- 선거 후보자는 교육과 복지에 대한 (   )을(를) 발표했다.
- 비트코인은 중앙의 통제를 벗어난 최초의 (   )된 화폐이다.

2. 글의 내용과 일치하면 O, 다르면 X 하세요.

- 미국 대통령 후보들은 비트코인을 중요하게 생각하지 않는다. ………… (   )
- 비트코인은 특별한 화폐이다. ……………………………………… (   )

3. 비트코인에 대한 설명으로 바르지 <u>않은</u> 것을 고르세요. ……………… (   )

① 디지털 금이라고 불린다.

② 해킹을 하기 쉽고 조작이 가능하다.

③ 주식이나 금처럼 거래하고 투자할 수 있다.

④ 중앙은행이나 정부에서 통제하거나 관리하지 않는다.

4. 비트코인에 대해 새롭게 알게 된 것을 써 보세요.

....

....

1. 블록체인, 공약, 탈중앙화 / 2. X, O / 3. ②

블록체인 기술

선생님, 블록체인 기술에 대해 쉽게 설명해 주세요.

블록체인은 마치 여러 사람이 함께 사용하는 큰 공책 같아요. 이 공책에는 중요한 일이 기록되는데, 예를 들면 누가 누구와 무엇을 샀고, 얼마를 냈는지 같은 내용이 기록돼요.

공책에서 블록은 무엇이고 체인은 무엇일까요?

공책의 한 페이지 한 페이지를 블록이라고 볼 수 있고 각 페이지는 서로 연결되어 있지요. 만약 새로운 페이지가 생기면, 그 페이지는 이전 페이지와 연결되어 누가 언제 어떤 거래를 했는지 알 수 있지요.

그렇게 연결된 페이지들이 모여서 체인이 되는 거군요!

맞아요. 그런데 이 공책은 모두가 컴퓨터로 가지고 있다는 게 특징이에요. 나만의 비밀스러운 공책이 아니라 모두가 같은 내용을 보고 확인을 할 수 있는 거죠. 그리고 사실과 다른 정보를 적게 되면 다른 사람이 그건 아니라고 할 수도 있고요.

그런데 왜 이런 블록체인 기술이 안전한 거예요?

한번 기록된 내용은 쉽게 바꿀 수 없거든요. 그래서 사람들이 모두 확인하고 서로 믿을 수 있답니다.

인디언이 뉴욕 땅을 판 것은 손해다?

지금으로부터 약 400년 전 미국 뉴욕의 맨해튼에 살던 인디언들은 네덜란드 이민자들에게 맨해튼 땅을 단돈 24달러(한화 약 3만 원)에 팔았어요. 맨해튼 땅값은 현재 가치로 한화 약 2,700조 원 정도 된다고 해요. 너무 싸게 팔았다고 생각하나요? 하지만 주식 투자를 아주 잘했던 피터 린치는 **복리**를 안다면 인디언이 맨해튼 땅을 그렇게 싸게 판 것은 아니라고 말했어요.

복리는 이자에 이자가 붙는 것을 말해요. 반대로 **단리**는 원금에만 이자가 붙는 계산 방법이에요. 예를 들어 1만 원을 맡기고 1년 뒤에 10% 단리 이자를 받으면 1만 원(원금)과 1천 원(이자)을 합해서 받습니다. 단리는 이자를 **원금**에만 더하기 때문에 2년이 지나도 이자는 1천 원만 받아요. 하지만 복리는 2년이 지나면 원금 1만 원과 1년 전 이자 1천 원을 합친 1만 1천 원에 10% 이자가 붙어요. 그래서 2년이 지나면 천백 원의 이자를 받아요. 처음에는 단리 이자와 큰 차이가 없지만, 시간이 지날수록 복리의 힘은 대단해져요.

이를 **스노볼(눈덩이) 효과**라고 해요. 작은 눈덩이를 언덕에서 굴려 보세요. 처음에는 주먹보다 작지만 점점 커져서 바위보다도 더 커지지요. 복리 이자도 점점 커지는 눈덩이와 비슷해요.

인디언이 맨해튼을 팔고 난 24달러를 400년간 8%의 단리 이자로 받았다면 약 100만 원 정도가 돼요. 그런데 만약 8%의 복리 이자였다면 약 47**경** 원이나 된답니다.

🖉 어휘 풀이

* **복리** 원금과 이자를 합쳐서 이자를 붙이는 계산 방법.
* **단리** 원금에만 붙이는 이자.
* **원금** 이자가 붙지 않은 원래 상태의 돈.
* **스노볼 효과** 날이 갈수록 눈덩이처럼 커지거나 불어나는 현상을 빗대어 나타낸 표현.
* **경** 1조의 만 배인 수.

내 용 체 크

1. <보기>를 보고 빈칸에 알맞은 낱말을 채워 보세요.

보기

단리   복리

- ⬭ 는 원금과 이자를 합쳐 이자를 계산하는 방식이다.
- ⬭ 는 원금에만 이자가 붙는 계산 방식이다.

2. 글의 내용과 일치하면 O, 다르면 X 하세요.

- 피터 린치는 인디언이 맨해튼 땅을 싸게 판 게 아니라고 했다. ………… (   )
- 복리 이자는 점점 커지는 눈덩이와 비슷하다. ……………………………… (   )

3. 다음 글을 읽고 알맞은 낱말을 선택하세요.

> 인디언은 1626년 24달러를 받고 미국 맨해튼 땅을 팔았어요.
> 24달러를 만약 복리로 투자했다면 지금 미국 맨해튼의 가격보
> 다 더 (낮을 거예요. / 높을 거예요.)
> 복리 이자는 처음에는 단리 이자와 별 차이가 없지만 (오랜 /
> 짧은) 시간이 지나면 차이가 엄청나게 벌어져요.

4. 복리처럼 꾸준히 오랫동안 노력하면 커다란 결과를 나타내는 것은 무엇이 있을까요? 자유롭게 생각하여 써 보세요.

....

....

경제톡톡 이자를 계산하는 방법

선생님, 이자는 어떻게 계산하나요?

여러분들이 은행에 돈을 맡겼다고 생각해 볼게요. 예금과 적금의 차이는 다 알죠?

그럼요! 예금은 돈을 한꺼번에 저축했다가 나중에 맡긴 돈을 찾는 것이고, 적금은 매달 일정한 돈을 저축하는 거예요.

좋아요. 그러면 100만 원을 예금으로 저축했다고 해 봐요. 이자율은 4%이고 1년 뒤에 이자를 준다고 해요. 그러면 이자는 얼마일까요?

100만 원의 4%니까 4만 원이요.

맞아요. 4%는 소수 0.04로 바꿀 수 있어요. 원금 × 이자율 즉, 100만 원 × 0.04 = 4만 원이 되지요. 200만 원을 예금하고 6%의 이자율로 이자를 받는다면 200만 원 × 0.06 = 12만 원이에요.

그럼 100만 원 예금을 4% 복리 이자로 받으면요?

1년 뒤에는 104만 원을 받는데 그다음에는 104만 원 × 0.04를 이자로 받아요. 그리고 그다음에는 (104만 원 × 0.04) × 0.04를 이자로 받죠. 이런 식으로 계속 원금에 이자를 더해 이자율을 곱하는 거예요.

'투자의 귀재' 워런 버핏, 그의 선택은?

전설적인 투자자 워런 버핏이, 가지고 있던 애플 주식의 절반을 팔고 새롭게 화장품 회사의 주식과 항공기 부품을 만드는 회사의 주식을 추가로 늘렸대요. 이 소식을 들은 사람들은 화장품 회사의 주식과 항공기 부품 회사의 주식을 사려고 우르르 몰려들어 주가도 올랐다고 해요.

워런 버핏이 누구기에 사람들이 그의 투자에 관심을 두는 걸까요? 워런 버핏은 투자를 현명하게 잘해서 돈을 크게 불렸어요. 그의 출신지를 따서 '오마하의 현인'이라는 별명이 붙었어요. 그는 많은 기부를 했는데도 여전히 세계에서 여섯 번째 부자예요.

그의 성공적인 투자 방법의 하나는 '<u>가치 투자</u>'예요. 좋은 회사의 주식 가격이 본래의 가치보다 싸다고 생각될 때 산 뒤, 오랜 시간 주식을 보유하는 방법이지요. 그가 생각하는 좋은 회사는, 인기 있는 **브랜드**를 가지고 있는 회사, 돈을 꾸준히 잘 버는 회사, 앞으로도 돈을 잘 벌 수 있는 회사예요.

워런 버핏은 가치 투자 방법으로, 1987년 주식 시장이 **폭락**했을 때, 코카 콜라 주식에 10억 달러를 투자해서 2006년에 80억 달러로 만들기도 했어요. 그리고 지금까지도 코카 콜라 주식을 갖고 있대요. 워런 버핏은 이렇게 좋은 회사의 주식을 오랫동안 가지고 있는 것을 좋아해요. 시간이 지나면 지날수록 복리의 힘은 더 커지니까요. 워런 버핏과 같이 크게 성공한 투자자의 생각과 행동을 배운다면 투자에 많은 도움이 될 수 있어요.

✐ 어휘 풀이

* **가치 투자** 주식의 가격이 본래 기업의 가치보다 낮을 때 사서 기다리다가 기업 가치보다 주식의 가격이 높아지면 파는 투자 방법.
* **브랜드** 다른 회사와 구별되는 회사의 이름이나 특징.
* **폭락** 물건의 값이나 주가가 갑자기 큰 폭으로 떨어짐.

1. <보기>를 보고 빈칸에 알맞은 낱말을 채워 보세요.

보기

| 가치 투자 | 브랜드 | 폭락 |

- ( )은(는) 기업의 가치보다 주식 가격이 쌀 때 투자하는 방법이다.
- 러시아와 우크라이나 전쟁이 시작되자 주식 시장이 ( )했다.
- 이 회사의 ( )은(는) 정말 유명해서 전 세계 사람들에게 인기가 많다.

2. 글의 내용과 일치하면 O, 다르면 X 하세요.

- 워런 버핏이 주식을 샀다고 알려지면 따라 사는 사람들 때문에 주가가 올라가기도 한다. ……………………………………………………………………………… ( )
- 워런 버핏은 '오마하의 현인'이라고도 불린다. …………………………… ( )

3. 글 내용과 일치하지 <u>않는</u> 설명을 고르세요. ……………………… ( )

① 워런 버핏은 가지고 있던 애플 주식의 절반을 팔았다.
② 워런 버핏은 코카 콜라 주식을 아직도 가지고 있다.
③ 가치 투자는 주식을 샀다가 금방 되파는 투자 방법이다.
④ 워런 버핏은 인기 있는 브랜드를 가진 회사를 좋아한다.

4. 워런 버핏의 투자 방법을 '가치 투자'라는 단어를 사용해 설명해 보세요.

………………………………………………………………………………………………………

………………………………………………………………………………………………………

선생님! 워런 버핏처럼 투자를 잘하고 싶은데 투자가 위험하다는 이야기도 아주 많이 들었어요. 좀 더 안전한 방법은 없나요?

음, 그럴 때는 분산 투자를 한다면 좀 더 안전해요.

 분산 투자가 무엇인가요?

'달걀을 한 바구니에 담지 마라.'는 유명한 말이 있어요. 바구니를 놓치면 그 안의 달걀이 몽땅 다 깨져 버리겠지요? 만약에 주식이라는 바구니에 내 모든 돈을 투자했다고 해 봅시다. 주식의 가격이 내려가면 내 돈을 모두 잃을 거예요.

 그러면 주식 말고 다른 바구니에도 돈을 담으라는 거군요?

그래요. 주식 말고도 다른 바구니들이 많이 있지요?

 부동산도 있고, 금도 있고, 비트코인도 있고… 여러 바구니가 있는 것 같아요.

맞아요. 한곳에만 투자하는 게 아니라 돈을 나누어서 여러 바구니에 투자하는 거죠. 그러면 한 바구니를 떨어뜨려도 다른 바구니의 돈은 안전해요.

 분산 투자를 하면 조금 더 안전하게 투자할 수 있겠네요.

185

6장

****

돈을 따뜻하게
나눠 보자

****

뺄수록 잘 팔려요, 건강 챙기는 '제로' 열풍

제로 콜라, 제로 아이스크림 등 요즘 식품 업계에 '제로' **열풍**이 불고 있어요. 제로는 영어로 숫자 0을 의미하는 단어입니다. '제로 슈가'라는 말처럼 설탕이 0g, 즉 설탕이 전혀 들어가지 않았는데도 기존의 달콤한 맛이 그대로 유지되니 큰 인기를 끄는 거예요.

설탕이 들어가야 달콤해서 맛이 좋을 텐데 왜 제로 식품들이 점점 더 잘 팔리고 있을까요? 그건 바로 요즘 즐겁게 건강을 관리하려는 사람들이 많아졌기 때문이에요. 영어로 건강을 뜻하는 '헬시(Healthy)와 즐거움을 뜻하는 플레저(Pleasure)', 이 두 단어를 합쳐서 '헬시 플레저' 트렌드라고도 불러요.

사람들은 어떤 물건을 살 때 비슷한 제품들이 여러 개 있다면 그중에서 가장 마음에 드는 것을 선택해요. 헬시 플레저 트렌드를 따르는 소비자들은 건강 관리도 할 수 있으면서 동시에 먹는 즐거움을 포기하지 않아도 되는 상품을 고르는 거예요. 이처럼 소비자가 자신이 따르고자 하는 가치에 맞는 상품인지 따져 보고 **구매**하는 것을 <u>가치 소비</u>라고 해요.

가치 소비를 하려는 소비자들이 많아지면 기업들도 제품을 만들 때 자연스럽게 그 가치를 따르게 돼요. 많은 소비자가 원하는 제품과 서비스를 빠르게 준비해야 기업들도 더 많은 돈을 벌 수 있으니까요.

✎ 어휘 풀이

＊ **가치 소비** 물건이나 서비스가 자신이 중요하게 생각하는 가치와 잘 맞는지 꼼꼼하게 살펴보고 사는 것.
＊ **열풍** 강하게 부는 바람처럼 어떤 일이 사람들 사이에서 매우 인기를 끄는 현상.
＊ **구매** 물건 등을 사들임.

내 용 체 크

1. <보기>를 보고 알맞은 낱말을 넣어 문장을 완성해 보세요.

보기

| 열풍 | 가치 소비 | 구매 |

- 물건을 살 때 가격보다는 가치를 중요하게 생각하는 ⬭⬭⬭가 트렌드이다.

- 요즘 우리 반에서는 보드게임 ⬭⬭⬭이(가) 불고 있다.

- 행사 기간에 이 제품을 ⬭⬭⬭하면 서비스로 하나 더 준다.

2. 글의 내용과 일치하면 O, 다르면 X 하세요.

- 달콤한 음식이 유행이라 설탕을 더 넣은 식품들이 많아졌다. ⋯⋯⋯⋯ (   )
- 기업들이 제품을 만들 때 많은 소비자가 원하는 방향을 따르게 된다. ⋯ (   )

3. 현명한 가치 소비가 <u>아닌</u> 것을 고르세요. ⋯⋯⋯⋯⋯⋯⋯⋯⋯⋯⋯ (   )

① 환경을 오염시키는 플라스틱 컵 대신 오래 쓸 수 있는 유리컵 사기
② 건강을 유지하기 위해 탄산음료 대신 우유 사기
③ 원래 사려던 것은 아니었지만 포장지가 마음에 드는 과자 사기
④ 물건 가격의 일부를 사회에 기부하는 기업의 물건 사기

4. 내가 실천할 수 있는 가치 소비는 어떤 것이 있을지 적어 보세요.

....

....

190

1. 가치 소비, 열풍, 구매 / 2. X, O / 3. ③

가치 소비의 실천 방법

선생님, 가치 소비의 뜻이 아직 좀 헷갈려요.

그럼 우리 가치 소비의 또 다른 예시를 찾아봐요. 건강 관리를 중요하게 생각하는 소비자들이 제로 슈가 식품을 산다면, 환경 보호를 중요하게 생각하는 소비자들은 어떤 제품을 살까요?

한 번 쓰고 버리는 일회용품보다는 오랫동안 여러 번 쓸 수 있는 물건을 살 것 같아요. 일회용 빨대 대신 스테인리스 빨대를 쓰는 것처럼요.

오, 참 좋은 예시네요. 그리고 아마 그런 소비자라면 물건을 만드는 과정에서 환경을 오염시키지 않았는지도 살펴볼 거예요. 환경 보호라는 가치를 잘 지킬 수 있는 소비인지 먼저 생각해 볼 테니까요.

그럼 물건을 사기 전에 정보를 잘 찾아야 하겠네요?

그렇죠! 가격이나 디자인처럼 눈에 바로 보이는 부분분만 아니라 물건이 어떤 재료로 만들어졌는지, 먼저 사용해 본 다른 소비자 반응은 어떤지 등 추가 정보들도 미리 알아봐야 해요.

가격이 싸다고 아무거나 막 구매하지 말고 이제 저도 가치 소비를 해야겠어요.

191

명절마다 나타나는 얼굴 없는 천사들

지난 15년간 명절마다 강릉시 한 지역 주민 센터에 쌀을 보내던 **익명**의 기부자가 2024년 추석에도 쌀 1,500kg을 <u>기부</u>했어요. 이웃을 돕고 싶어 기부를 시작했다는 그가 그동안 보낸 쌀은 무려 3,250포대나 돼요.

강릉시뿐만 아니라 순천시, 청주시, 보은군 등 전국 각지에서도 익명으로 기부하는 사람들의 **행렬**이 이어졌어요. 소외된 이웃들과 함께 명절의 기쁨을 나누려는 마음이 모여 사회에 따뜻한 울림을 전하고 있어요.

기부란 다른 사람들을 돕기 위해 자신이 가지고 있는 것의 일부를 대가 없이 스스로 내주는 일이에요. 쉽지 않은 일인데도 많은 사람이 기부에 참여하는 이유는 돈을 더 가치 있게 쓰고 싶어서예요. 나만을 위한 소비 대신, 함께 나누는 행복을 위해 돈을 쓰는 것이지요.

미국 하버드 대학교에서 실시한 **연구**에 따르면 다른 사람을 돕고 나면 스트레스가 줄어들고 병을 이겨 내는 힘이 더 커진다고 해요. 이 연구 결과는 평생 봉사하는 삶을 사셨던 테레사 수녀의 이름을 따서 '마더 테레사 효과'라고도 불러요.

기부는 꼭 돈으로 하지 않아도 괜찮아요. 나의 특기나 지식을 활용한 봉사 활동을 할 수도 있고, 머리카락을 길러 어린이 암 환자에게 가발을 선물할 수도 있어요. 나누려는 따뜻한 마음만 있다면 누구라도 바로 실천할 수 있는 일이에요.

✍ **어휘 풀이**

* **기부** 다른 사람들을 돕기 위해 돈이나 물건 등 자신이 가진 것의 일부를 대가 없이 스스로 내어놓는 것.
* **익명** 이름을 밝히지 않고 숨기는 것.
* **행렬** 여럿이 줄지어 감.
* **연구** 어떤 일이나 사물에 대해 더 자세히 알기 위해 조사하고 살펴보는 것.

1. <보기>를 보고 알맞은 낱말을 넣어 문장을 완성해 보세요.

보기

| 익명 | 행렬 | 연구 |

- 청소년 시기의 흡연은 건강에 아주 해롭다는 (　　　　) 결과가 있다.
- 인터넷 댓글을 (　　　　)(으)로 달 수 있다고 해서 거짓말을 하면 안 된다.
- 개미들이 긴 (　　　　)을(를) 지어서 담벼락 밑을 기어가고 있다.

2. 글의 내용과 일치하면 O, 다르면 X 하세요.

- 기부를 하는 이유는 다른 대가를 돌려받기 위해서이다. ·················· (　　)
- 기부는 꼭 돈으로만 할 수 있다. ··· (　　)

3. 기부의 장점이 <u>아닌</u> 것을 고르세요. ································ (　　)

① 스트레스가 줄어들고 병을 이겨 내는 힘이 커진다.

② 돈을 가치 있게 쓸 수 있다.

③ 친구들에게 기부한 사실을 자랑할 수 있다.

④ 내가 가진 것을 다른 사람들과 나누며 기쁨을 느낄 수 있다.

4. 내가 실천할 수 있는 기부는 어떤 것이 있을지 적어 보세요.

....

....

1. 연구, 익명, 행렬 / 2. X, X / 3. ③

다양한 기부 방법

선생님, 저 다음 주말에 부모님이랑 기부 마라톤에 나가기로 했어요. 걷기 마라톤 행사인데 참여하면 기념품도 준대요.

우아, 기부 마라톤이라니 정말 대단해요. 가족들과 추억도 쌓고, 행사 참가비로 기부도 하고 일석이조네요!

저도 기부를 해 보고 싶은데 용돈이 너무 부족해요. 좋은 방법이 없을까요?

기부는 꼭 많은 돈이 있어야만 할 수 있는 것은 아니에요. 용돈에서 매달 몇백 원씩 따로 모아 기부해도 좋고, 여러 기업에서 실시하는 기부 캠페인에 동참하는 방법도 있어요.

더 이상 쓰지 않는 물건을 기부할 수도 있어. 내 친구는 안 쓰는 수건을 모아서 유기견 보호 센터에 기부하더라. 그럼 강아지들 목욕시킬 때 쓸 수 있대.

와, 그것도 좋다! 아니면 요즘 잘 가지고 놀지 않는 장난감을 중고 마켓에 나눔해 볼까? 어쩌면 필요한 사람이 있을지도 몰라.

생각보다 더 다양한 방법으로 기부에 참여할 수 있지요? 한 사람 한 사람의 소중한 마음이 모이다 보면 우리 사회도 지금보다 더 따뜻해질 거예요.

달걀에 표시된 번호의 비밀

혹시 달걀 먹기 전에 겉면을 살펴본 적 있나요? **시중**에서 판매되는 모든 달걀에는 **암호** 같은 10자리의 번호가 적혀 있어요. 이 번호를 통해 달걀에 대한 여러 가지 정보를 알 수 있어요.

특히 맨 마지막 숫자는 1~4번 중 하나로, 닭을 키우는 환경에 대한 정보를 제공해요. 1번이라면 넓고 자유로운 곳에서 자란 닭이 낳았다는 뜻이고, 4번이라면 A4 용지만 한 좁은 닭장에 있던 닭이 낳았다는 뜻이에요. 1번이나 2번이 적혀 있는 달걀은 **동물 복지** 달걀이라고도 불러요.

최근 동물도 고통받지 않도록 존중받아야 한다는 **인식**이 커지면서 1, 2번 달걀과 같은 동물 복지 상품이 인기를 끌고 있어요. **항생제**를 사용하지 않고 건강하게 키워서 생산한 돼지고기, 동물 실험을 거치지 않은 화장품 등도 동물 복지 상품 중 하나예요. 또 옷이나 이불을 만들 때 살아 있는 거위의 털을 뽑는 대신 자연스럽게 뽑힌 털을 사용하거나, 친환경 소재를 사용하는 상품들도 있어요.

이와 같이 자신의 소비로 인해 다른 누군가가 불행해지는 걸 원하지 않는 소비자들은 <u>착한 소비</u>를 하고 있어요. 착한 소비를 하려면 상품의 가격이나 나의 만족뿐만 아니라 다른 사람들과 사회에 미치는 영향까지 고려해야 해요. 그러기 위해서는 어떤 상품이 만들어져서 판매되기까지의 모든 과정을 꼼꼼히 살펴볼 필요가 있어요.

✏️ 어휘 풀이

* **착한 소비** 상품을 살 때 사회와 환경에 좋은 영향을 줄 수 있는지 고려하며 하는 소비.
* **시중** 사람들이 생활하는 공개된 공간.
* **암호** 다른 사람들이 쉽게 알지 못하도록 문자나 숫자 등을 비밀스럽게 바꾼 것.
* **동물 복지** 동물이 행복하게 살 수 있도록 만든 정책이나 시설.
* **인식** 어떤 것을 알고 이해하는 것.
* **항생제** 세균을 없애는 데에 사용되는 약물.

내 용 체 크

1. <보기>를 보고 알맞은 낱말을 넣어 문장을 완성해 보세요.

보기

시중   암호   인식

- 요즘 위조된 상품권이 (   )에 돌고 있다.
- 게임에 대한 사회적 (   )이(가) 예전보다 많이 좋아졌다.
- 이 문을 통과하고 싶다면 (   )을(를) 말해야 한다.

2. 글의 내용과 일치하면 O, 다르면 X 하세요.

- 달걀에 새겨진 맨 마지막 숫자가 3이나 4라면 동물 복지 달걀이다. ····· (   )
- 동물 복지 상품들이 인기를 끌고 있다. ·· (   )

3. 이 글의 주제를 가장 잘 나타내는 것을 고르세요. ························· (   )

① 건강에 좋은 달걀을 많이 먹자.
② 사회와 환경에 좋은 영향을 주는 착한 소비를 하자.
③ 동물들을 아끼고 사랑하자.
④ 동물 복지 상품이 아니라면 절대 사지 말자.

4. 인터넷에서 동물 복지 상품을 검색해 보고, 내가 사고 싶은 동물 복지 상품은 무엇인지 이유와 함께 적어 보세요.

....

....

1. 시중, 인식, 암호 / 2. X, O / 3. ②

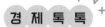

착한 소비의 필요성

선생님, 저 어제 엄마랑 마트에 가서 동물 복지 우유를 사 왔어요.

우아, 착한 소비를 잘 실천하고 왔네요. 요즘은 착한 소비를 위한 제품들이 꽤 많아졌답니다. 동물 실험을 하지 않고 만든 화장품도 착한 소비를 위한 제품 중 하나예요. 화장품을 연구할 때 동물들이 잔인하게 희생되는 경우가 많았거든요.

그런데 그런 제품들은 보통 가격이 더 비싸던데요. 합리적인 소비를 하려면 가격이 제일 싼 걸 고르는 게 좋지 않나요?

가격이 싼 걸 고른다면 돈은 조금 아낄 수 있을지 몰라요. 그런데 만약 모든 소비자가 저렴한 물건만 고른다면 어떤 일이 벌어질까요?

그럼 판매자도 더 싸게 팔려고 경쟁할 것 같아요.

맞아요. 그렇게 되면 아마 기업들은 도덕적인 가치보다 물건을 싸게 만드는 것만 중요하게 여기게 될 거예요. 환경을 오염시키거나 다른 누군가에게 큰 피해를 주게 되더라도요.

으악, 그건 너무 심해요. 제가 하는 선택들이 나중에 어떤 영향을 주게 될지 생각하면서 소비해야겠어요.

세계에서 가장 영양가 높은 과일로 알려진 아보카도는 샌드위치나 샐러드 등 다양한 요리의 재료로 사랑받고 있어요. 그런데 지난 파리 올림픽에서는 선수들에게 제공하는 **식단**에서 아보카도를 **제외**했어요.

아보카도는 먼 거리를 이동하면서 수출되기 때문에 탄소 발자국을 많이 남겨요. 즉 아보카도로 인해 만들어지는 많은 양의 온실가스 때문에 환경이 오염된다는 뜻이지요. 그래서 프랑스 정부는 아보카도처럼 **탄소 발자국**이 많은 상품은 파리 올림픽에서 소비하지 않기로 한 거예요.

만약 사람들이 탄소 발자국의 양을 전혀 고려하지 않고 소비한다면 환경 오염과 기후 변화 문제가 점점 더 심각해질 수도 있어요. 국제 결제 은행(BIS) 역시 급격한 기후 변화의 위험성을 이야기하며 <u>그린 스완</u>을 주의해야 한다고 주장했어요. 그린 스완은 기후 변화로 생길 수 있는 경제 금융 위기 가능성을 의미해요.

그린 스완의 예시로는 기후 변화로 인한 농산물 공급 부족 문제, 폭염과 폭설 등으로 인한 에너지 비용 문제 등을 들 수 있어요. 기후 변화가 우리의 경제생활에도 크게 영향을 미칠 수 있다는 거예요. 환경과 기후를 고려한 소비를 하려면 탄소 배출이 적은 상품을 찾는 게 좋아요. 저탄소 **인증**을 받은 상품이나 내가 사는 지역 근처의 농산물인 로컬 푸드를 사는 것도 한 방법이 될 수 있어요.

✎ 어휘 풀이

* **그린 스완** 기후 변화로 생길 수 있는 경제 금융 위기 가능성.
* **식단** 일정한 기간 중 먹을 음식의 종류와 순서를 짜 놓은 계획표.
* **제외** 어떤 것을 다른 것들 사이에서 따로 떼어 내는 것.
* **탄소 발자국** 사람들이 생활하면서 만들어지는 온실가스의 양을 모두 더한 값.
* **인증** 어떤 행위가 정당하게 이루어졌다는 것을 공적 기관이 증명함.

1. 빈칸에 들어갈 말을 본문에서 찾아 쓰세요.

- 일회용품을 줄이고 에너지 절약 가전제품을 사용한다면 일상생활 속에서
  ☐☐☐☐☐ 을(를) 줄일 수 있다.
- 학교 급식은 어린이를 위한, 건강하고 균형 잡힌 ☐☐ (으)로 제공된다.

2. 글의 내용과 일치하면 O, 다르면 X 하세요.

- 아보카도는 여러 나라에서 잘 자라서 수출 이동 거리가 짧다. ………… (　　)
- 기후 변화가 심각해지면 경제 금융 위기가 생길 수 있다. ……………… (　　)

3. 그린 스완과 관련이 <u>없는</u> 것을 고르세요. ……………………………… (　　)

① 폭우가 계속 내려서 채소 가격이 몇 배로 크게 올랐다.
② 전 세계적으로 심각한 자연재해가 일어나는 횟수가 늘어났다.
③ 너무 더워서 에어컨 사용이 크게 늘다 보니 전력 부족 문제가 생겼다.
④ 기후 변화는 경제 금융 위기에 그다지 영향을 주지 않는다.

4. 환경 보호를 위한 소비를 해 본 적이 있나요? 어떤 제품을 구매했고, 구매한 이유는 무엇이었는지 적어 보세요.

경 제 톡 톡 탄소 배출권

 선생님, 기업마다 생산하는 제품이 다르니까 탄소 발자국의 양도 다를 텐데 한 기업이 탄소를 많이 배출해도 상관없나요?

 혹시 탄소 배출권이라는 말을 들어 봤나요? 탄소 배출권은 온실가스를 일정량 배출할 수 있는 권리를 말해요. 각각의 기업은 할당된 탄소 배출권만큼만 온실가스를 배출할 수 있어요. 온실가스를 줄이기 위해 법으로 막는 거지요.

 그런데 어떤 기업이 물건을 계속 더 만들어야 할 때 탄소 배출권이 모자라면 어떻게 해요?

 그렇다면 탄소 배출권이 남는 다른 기업에서 그 권리를 사 올 수 있어요. 예를 들어 친환경 자동차인 전기차를 생산하는 기업들은 탄소 배출권이 많이 남으니 그걸 팔아서 꽤 많은 수익을 남길 수 있답니다.

 탄소 배출권이 남으면 앉은 자리에서 돈을 더 벌 수 있는 거네요! 저한테 기업이 생기면 꼭 친환경적인 제품을 만들래요.

 기후 변화 위기를 막는 데에도 도움이 되고, 돈도 더 번다니 완전 꿩 먹고 알 먹기네! 나도 너희 기업에 취업시켜 주라!

달콤한 초콜릿 뒤에 감춰진 이야기

한 조각 입에 넣으면 달콤하게 녹아내리는 이것, 초콜릿은 많은 사람이 사랑하는 식품이에요. 그런데 초콜릿이 만들어지는 과정에는 어두운 이야기가 숨겨져 있어요.

초콜릿의 주된 재료는 카카오 열매 속에 들어 있는 카카오 콩이에요. 카카오 열매를 딸 때는 농부들이 직접 나무 위로 올라가야 하는데, 카카오나무는 키가 무려 6~10m나 돼요. 또 열매가 잔뜩 든 무거운 자루를 옮기거나, 카카오 콩을 **발효**시키고 말리는 고된 작업 역시 전부 농부들의 일이에요.

하지만 농부들이 받는 돈은 초콜릿 가격의 10분의 1도 되지 않아요. 초콜릿값 대부분은 초콜릿을 판매하는 기업이 가져가고 있거든요. 그래서 농부들은 매일 열심히 일한다 해도 가난의 늪에서 빠져나오기가 어려워요. 심지어 이 농부들의 대부분은 어린아이들이라고 해요.

이런 **불평등** 문제를 해결하기 위해 등장한 것이 바로 <u>공정 무역</u>이에요. 공정 무역은 생산자에게는 **노동**에 대한 정당한 **대가**를 주고, 소비자에게는 좋은 제품을 제공하기 위해 노력해요. 공정 무역으로 거래되는 대표적인 상품들로는 초콜릿, 커피, 설탕 등이 있어요. 공정 무역 상품을 찾는 소비자가 점차 늘어나면서 요즘에는 대형 마트에서도 공정 무역 상품을 쉽게 구할 수 있지요.

✎ 어휘 풀이

* **공정 무역** 생산자에게는 일한 것에 대한 정당한 대가를 주고, 소비자에게는 좋은 품질의 믿을 수 있는 상품을 제공하는 무역.
* **발효** 효모나 세균 등의 미생물이 유기물을 분해하는 과정에서 이로운 물질을 만들어 내는 것.
* **불평등** 차별이 있어 고르지 못함.
* **노동** 몸을 움직여 일하는 것.
* **대가** 어떤 물건이나 노력의 값으로 치르는 돈이나 보상.

내 용 체 크

1. <보기>를 보고 알맞은 낱말을 넣어 문장을 완성해 보세요.

보기

발효   불평등   대가

- 주말을 통째로 희생한 ⟨   ⟩(이)라기엔 너무 보잘것없다.
- 요거트는 우유를 ⟨   ⟩해서 만든다.
- 어린이라는 이유로 참여할 기회도 안 주는 건 너무 ⟨   ⟩하다.

2. 글의 내용과 일치하면 O, 다르면 X 하세요.

- 초콜릿 가격의 대부분은 카카오 농장의 농부들이 가져간다. ············ (   )
- 대형 마트에서도 공정 무역 상품을 살 수 있다. ······························· (   )

3. 공정 무역 제품에 대한 설명으로 옳은 것을 고르세요. ················ (   )

① 공정 무역 제품의 가격은 다른 제품 가격에 비해 저렴하다.

② 공정 무역 상품은 다른 제품에 비해 질이 좋지 않다.

③ 공정 무역 제품 가격의 대부분은 마지막 단계의 판매자에게 돌아간다.

④ 생산자에게 노동에 대한 정당한 대가를 줄 수 있다.

4. 만약 공정 무역 초콜릿을 하나 살 돈으로 일반 초콜릿을 두 개 살 수 있다면 어느 초콜릿을 살 건가요? 이유도 함께 적어 보세요.

---

1. 대가, 발효, 불평등 / 2. X, O / 3. ④

선생님, 카카오 농장에서 일하는 아이들은 초콜릿을 먹어 본 적도 없는 경우가 많대요. 안타까워요.

버는 돈이 너무 적다 보니 초콜릿을 살 여유가 없는 거겠죠. 카카오 농장의 아동 노동 문제는 좀처럼 쉽게 해결되지 않고 있어요.

왜 아이들에게 일을 시키는 거예요? 어른들이 더 힘이 세잖아요. 아이들은 학교에도 가야 하고 놀기도 해야 해요.

아이들에게 일을 시키면 돈이 더 적게 들어서 그래요. 그러면 카카오를 더 싸게 팔 수 있어서 가격 경쟁에서 유리해지거든요. 또 가난한 가정에서는 아이들도 돈을 벌어야 하는 상황에 놓이기도 해요.

초콜릿은 전 세계적으로 엄청 많이 팔리는데 농부들은 계속 가난하다니, 이건 뭔가 잘못된 것 같아요. 너무 불공평해요.

그래서 공정 무역이 등장한 거예요. 공정 무역 상품을 구매한다면 불공정한 무역 구조에서 생기는 빈부 격차를 줄이는 데에 도움을 줄 수 있어요. 그리고 농장에서 일하던 어린이들도 위험하고 힘든 일을 하는 대신 학교에 갈 수 있게 되겠지요.

우아, 소비를 통해 나눔을 실천하는 거네요. 멋져요!

치킨 튀긴 기름으로 비행기 띄운다

　국내 항공 업계가 친환경 항공유를 사용한 비행기 **운항**을 시작했어요. 친환경 항공유는 요리에 쓰고 남은 폐식용유 등으로 만들어서 가격은 비싸지만, 기존 항공유보다 탄소 배출량을 최대 80% 넘게 줄일 수 있어요.

　비용 부담이 더 생기는데도 항공사들은 왜 이런 선택을 할까요? 그건 기업을 **경영**할 때, 환경과 사회를 고려하며 지속 가능한 성장을 할 수 있는지가 중요해졌기 때문이에요. 우리나라 대표 항공사 중 하나인 대한항공은 이 밖에도 낡은 기내 용품으로 **업사이클링** 제품을 만들어 **수익금**을 기부하거나, 직원들의 참여로 몽골에 숲을 만드는 등 환경과 사회를 생각하는 경영 활동을 위해 노력하고 있어요.

이처럼 환경을 보호하고 사회적 책임을 다하기 위해 노력하며, 법을 잘 지키면서 공정하게 기업을 운영하는 것을 <u>ESG 경영</u>이라고 해요. ESG 경영을 실천하는 기업은 단순히 이익을 내는 것뿐만 아니라 지속 가능한 방식으로 성장하는 것을 목표로 해요. 이를 통해 소비자들에게 더 신뢰받는 기업이 될 수 있어요.

실제로 한 경제 신문사의 설문 조사 결과에 따르면, ESG 경영을 하는 회사의 제품을 살 때 추가 비용을 더 낼 생각이 있다고 응답한 소비자 비율은 70%가 넘었어요. ESG 경영에 대한 사회적 요구가 점차 커짐에 따라 앞으로는 더 많은 기업이 ESG 경영 방식에 동참할 것으로 보여요.

✐ 어휘 풀이

* **ESG 경영** Environmental, Social and Governance의 줄임말로, 기업이 환경과 사회에 긍정적인 영향을 미치고, 중요한 결정을 내릴 때 투명하고 공정하게 진행하는 것.
* **운항** 배나 비행기가 정해진 길이나 목적지를 오고 감.
* **경영** 기업이나 사업 등을 관리하고 운영함.
* **업사이클링** 재활용품에 디자인이나 아이디어 등을 더해 가치를 높이는 것.
* **수익금** 이익으로 들어오는 돈.

1. <보기>를 보고 빈칸에 알맞은 낱말을 채워 보세요.

보기

| 운항 | 경영 | 업사이클링 |

- 이 가방은 플라스틱을 재활용한 (　　　　　　) 제품이다.
- 태풍으로 그 배는 오늘 (　　　　　　)이 취소되었다.
- 그 기업은 판매 수익이 떨어져 결국 (　　　　　　)이 어려워졌다.

2. 글의 내용과 일치하면 O, 다르면 X 하세요.

- 친환경 항공유를 사용한 비행기는 탄소 배출량이 적다. ·················· (　　　)
- ESG 경영에 대한 사회적 요구는 점점 줄어들고 있다. ···················· (　　　)

3. ESG 경영에 대한 설명으로 옳은 것을 고르세요. ···················· (　　　)

① 기업의 경제적 이익을 가장 중요하게 생각한다.
② 기업이 지속 가능한 방식으로 성장하는 것을 목표로 한다.
③ 환경 보호만을 고려하는 기업 운영 방식이다.
④ 공정하게 기업을 운영하는 것은 ESG 경영과는 관련이 없다.

4. 우리 학교에서 ESG 경영을 시작한다면 어떤 활동을 하면 좋을까요?

....

....

ESG 경영에서 지배 구조

선생님, ESG 경영에서 E는 환경, S는 사회, G는 지배 구조를 뜻하는 말이라고 들었어요. 환경이랑 사회는 무슨 뜻인지 알겠는데 지배 구조는 뭘 말하는 건지 잘 모르겠어요.

지배 구조는 쉽게 말해 회사가 어떻게 운영되고, 어떻게 중요한 결정을 내리는지 보여 주는 거예요. 회사를 운영할 때 몇 사람 마음대로 하는 게 아니라, 공정하게 법을 잘 지키면서 모두에게 이로운 결정을 내리도록 여러 사람이 함께 돕는 거지요.

우리 학교의 큰 규칙을 정할 때 교장 선생님뿐만 아니라 다른 선생님들과 학생들도 회의에 함께 참여하는 것과 비슷하네요!

그렇구나! 그런데 선생님들이 무조건 교장 선생님 편을 들어 주거나 학생들에게는 아예 회의 참여 기회도 안 주면 어떻게 하지?

그래서 ESG 경영이 잘 이루어지고 있는지 판단할 땐 경영진과 이사회가 서로 얼마나 독립적인지 살펴봐요. 의사 결정 과정을 투명하게 공개하는지도 확인하지요. 또 법을 잘 지키는지, 그 회사의 주식을 가지고 있는 사람들에게 의사 결정에 참여할 기회를 주는지도 평가한답니다. 왜 ESG 경영을 잘하는 기업을 더 믿을 수 있는지 이제 알겠지요?

기부금 내신 분, 세금 깎아 드릴게요

　전라남도 곡성군에 유일한 소아 청소년과 병원이 문을 열었어요. 인구가 줄어들면서 의사를 구하기 어려웠던 이 지역에 소아 청소년과가 생긴 것은 바로 기부금 덕분이라고 해요.

　행정 안전부는 지역 경제 활성화를 위해 2023년부터 고향 사랑 기부제를 **시행**했어요. 사람들이 기부할 지역을 직접 선택해서 기부금을 내면 그 돈은 그 지역의 복지나 발전을 위해 쓰여요. 곡성군도 이 기부금으로 소아 청소년과 의사를 구한 거예요. 기부한 사람은 그 지역의 **지역 특산품** 등을 선물로 받고, 기부금에 대한 세금도 돌려받을 수 있어요.

　이처럼 내야 하는 총 세금에서 일정 금액을 빼 주는 것을 <u>세액 공제</u>

라고 해요. 기부금은 특별 세액 공제 항목 중 하나예요. 기부금을 낸 만큼 세금을 줄여 주어서 더 많이 기부하도록 **장려**하기 위해서지요. 기부금의 종류에 따라 세액 공제 금액 한도와 비율은 조금씩 다르게 정해져 있어요. 만약 고향 사랑 기부제를 통해 기부한다면 기부 금액 10만 원까지는 전부, 10만 원을 초과한 금액은 16.5%만큼 세액 공제가 돼요.

한편 기부금을 내는 것뿐만 아니라 봉사 활동을 하는 경우도 세액 공제를 받을 수 있어요. 특별 재난 지역을 돕기 위한 자원봉사를 한 후 기부금 확인서를 받으면 봉사 시간을 돈으로 **환산**해서 세금을 줄여 줘요. 세액 공제를 통해 따뜻한 기부 문화가 더 널리 퍼지도록 지원하는 거예요.

✎ 어휘 풀이

* **세액 공제** 내야 하는 총 세금에서 일정 금액을 빼 주는 것.
* **시행** 어떤 일을 실제로 해 나가는 것.
* **지역 특산품** 어떤 지역에서 특별히 생산되는 물품.
* **장려** 좋은 일에 힘쓰도록 북돋아 줌.
* **환산** 어떤 단위로 된 것을 다른 단위로 고쳐서 헤아림.

내 용 체 크

1. 빈칸에 들어갈 말을 본문에서 찾아 쓰세요.

- 건강한 몸을 위해 걷기 운동이 ☐☐되고 있다.
- 고속 도로 휴게소에서 ☐☐☐☐☐(으)로 만든 음식들이 인기를 끌고 있다.

2. 글의 내용과 일치하면 ○, 다르면 ✕ 하세요.

- 기부금을 내면, 내야 할 세금의 일부를 줄여 준다. ·························(   )
- 세액 공제는 기부 문화가 더 퍼지도록 지원하는 것이다. ·················(   )

3. 알맞은 단어에 ○를 해서 이 글을 한 문장으로 간추려 보세요.

> ○
> ○ (기부금 / 세금)을 내면 (세금 / 가격)의 일부를 빼 주는데,
> ○ 이것을 (기부 공제 / 세액 공제)라고 한다.
> ○

4. 고향 사랑 기부제 '고향 사랑e음' 홈페이지로 들어가 '기부하기' 탭을 보면 '특정 사업에 기부하기' 메뉴가 있어요. 내가 기부하고 싶은 사업을 하나 골라 이유와 함께 적어 보세요.

1. 장려, 지역 특산물 / 2. O, O / 3. 기부금, 세금, 세액 공제

선생님, 기부금에 대해 세금을 줄여 준다면 아무 때나 신청하면 되나요?

그렇지 않아요. 세액 공제 금액은 연말 정산 때 확인할 수 있어요. 연말 정산은 한 해 동안 낸 세금이 많았는지, 적었는지 확인하는 것을 말해요. 홈택스 홈페이지를 통해 그해에 벌어들인 돈과 사용한 돈에 대한 자료를 제출하면 쉽게 계산해 준답니다.

아, 저도 연말 정산 알아요! 작년에 부모님이 연말 정산을 통해 돈을 많이 돌려받았다고 좋아하시는 걸 봤거든요.

그럼 집에서 그동안 이미 세금을 더 많이 낸 상태였던 거예요. 그래서 연말 정산 때 추가로 더 낸 세금을 돌려받은 거지요.

돈을 새로 더 돌려받은 게 아니었구나. 에이, 좋다 말았네.

그래도 그동안 안 낸 세금이 있으니 갑자기 더 내라고 하는 것보다는 기분 좋지 않을까?

하하, 그것도 그렇죠? 그래서 연말 정산에서 돌려주는 돈을 '13월의 월급'이라고 부르기도 해요.

사회를 도우면서 돈을 버는 회사가 있다고?

학교에서 사용하는 A4 용지나 휴지의 포장 상자를 본 적이 있나요? 상자 겉면을 보면 사회적 기업 또는 중증 장애인 생산품이라는 인증 마크가 그려져 있어요. 이는 학교와 같은 공공 기관이, <u>사회적 기업</u>이 생산한 상품을 우선적으로 구매하고 있기 때문이에요.

사회적 기업이란 사회적 목적을 우선으로 추구하면서 수익을 내는 기업을 말해요. 물론 사회적 기업도 일반 기업처럼 상품이나 서비스를 팔아 돈을 벌어요. 하지만 돈을 많이 버는 것보다 지역 사회를 돕거나 환경을 보호하는 걸 더 큰 목표로 삼는 거예요.

사회적 기업이 사회를 돕기 위해 하는 일은 다양해요. 대표적으로 사회적 **취약 계층**에게 일할 기회를 주거나 돌봄이나 교육 등 다양한 복지 서비스를 제공하는 일을 해요. 그리고 공정 무역 제품이나 친환경 제품 등을 생산하거나 판매하면서 착한 소비를 지원하기도 하지요. 또한 기업에서 번 돈의 일부를 직접 기부하거나 사람들이 기부한 것을 어려운 이웃에게 전달하는 역할도 합니다.

우리나라는 사회적 기업 **육성**법에 따라 사회적 기업을 지원하고 있어요. 법적으로 인증받은 사회적 기업은 세금 **감면** 혜택을 받거나 직원들의 사회 보험료를 지원받아요. 그 외에도 공공 기관에 물건을 판매할 기회를 먼저 얻는 등 기업을 운영하는 데에 여러 가지 도움을 받을 수 있어요.

✎ 어휘 풀이

* **사회적 기업** 사회적 목적을 우선으로 추구하면서 수익을 내는 기업.
* **취약 계층** 노인, 어린이, 장애인 등 다른 이들에 비해 무르고 약하여 사회적으로 보호가 필요한 사람들.
* **육성** 길러 내어 자라게 함.
* **감면** 매겨야 할 부담 등을 덜어 주거나 없애 줌.

1. 빈칸에 들어갈 말을 본문에서 찾아 쓰세요.

- 이 가게는 장애인들의 일자리를 보장하기 위한 ☐☐☐☐☐이다.
- 다음 올림픽을 위해 훌륭한 선수들을 더 찾아서 ☐☐해야 한다.

2. 글의 내용과 일치하면 O, 다르면 X 하세요.

- 사회적 기업은 많은 돈을 버는 것을 가장 큰 목표로 한다. ················ (   )
- 사회적 기업 인증을 받으면 세금을 줄여 준다. ····························· (   )

3. 사회적 기업에 대한 설명으로 옳은 것을 고르세요. ····················· (   )

① 주로 저렴한 가격의 물건을 많이 판매한다.

② 학교 등 공공 기관에 물건을 먼저 판매할 기회를 받는다.

③ 월급을 적게 줄 수 있는 사람들 위주로 고용한다.

④ 환경 보호와 사회적 기업은 별로 관련이 없다.

4. 여러분이 사회적 기업을 만든다면 어떤 상품을 팔고 싶은가요? 기업의 이름과 판매할 상품을 상상해서 적어 보세요.

기업 이름

판매 상품

선생님, 사회적 기업 상품을 사려고 찾다 보니 사회적 협동조합이라는 것도 있던데요, 사회적 기업이랑 비슷한 건가요?

둘 다 공익적인 목적에서 사회적 가치를 따른다는 공통점이 있지만, 자세히 살펴보면 조금 달라요. 일단 협동조합이 무엇인지 먼저 생각해 볼까요?

이름만 보면 사람들끼리 서로 돕는 단체일 것 같아요. 친구들끼리 서로 협동하는 것처럼요!

비슷해요. 협동조합은 같은 목적을 가진 사람들끼리 모여 서로 협동하며 물건이나 서비스를 생산하거나 판매하는 곳이에요. 사회적 협동조합은 그런 협동조합 중에서도 조합의 이익을 늘리는 것보다 공공의 이익에 도움이 되는 사업을 주로 하는 경우를 말해요.

사회적 기업은 법적으로 인증받아 여러 혜택을 받는다고 했는데 사회적 협동조합도 그런가요?

그렇지 않아요. 협동조합은 어떤 사람들의 필요에 따라 만들어진 단체일 뿐이거든요. 사회적 협동조합이 사회적 기업 혜택을 받으려면 고용 노동부의 인증을 먼저 받아야 해요.

부모도 아기도 행복한 육아 휴직

  정부가 2025년 저출산 관련 예산을 크게 확대했어요. 2025년 1월 부터 **육아 휴직**을 쓰면 받을 수 있는 **급여**가 최대 250만 원까지 늘어 나요. 또 동료가 육아 휴직을 해서 일이 늘어난 중소기업 직원이라면 동료 지원금을 받을 수 있어요.

  정부가 이런 대책을 내놓은 이유는 아기를 돌보느라 일을 쉬어야 할 때 사람들이 겪는 어려움을 줄여 주기 위해서예요. 이처럼 사람들 이 편안한 환경에서 행복하고 건강하게 생활할 수 있도록 돕는 것을 사회 복지라고 해요. 사회 복지를 통해 저출산 문제와 같은 사회 문 제 해결에도 도움을 줄 수 있어요.

  정부의 대표적인 사회 복지 정책들로는, 먼저 소득이 거의 없는 사람들의 기초 생활을 **보장**하는 제도가 있어요. 또 **노후**의 소득을 보장하기 위한 연금이나 건강 보험, 고용 보험 등의 사회 보험도 운영하지요. 그 밖에도 사회적 취약 계층을 지원하기 위한 공공 서비스를 제공하기도 해요.

사회 복지를 위해 필요한 돈은 바로 세금에서 나와요. 사회 문제를 해결하거나 사람들의 전체적인 생활 수준을 높이는 일은 개인적으로 해결하기 어려워요. 그래서 정부가 나서서 다양한 사회 복지 정책들을 시행하고 있어요. 우리가 낸 세금이 더 행복한 사회를 만들고 어려운 사람들을 돕는 데에 쓰이고 있는 것이지요.

✎ 어휘 풀이

* **사회 복지** 사람들이 편안한 환경에서 행복하고 건강하게 생활할 수 있도록 돕는 것.

* **육아 휴직** 어린아이를 키우기 위해 일을 쉬는 것.

* **급여** 일에 대한 대가로 돈이나 물품 등을 줌.

* **보장** 어떤 일이 어려움 없이 이루어지도록 보호함.

* **노후** 낡고 오래되거나 나이가 듦.

내 용 체 크

1. <보기>를 보고 빈칸에 알맞은 낱말을 채워 보세요.

보기

| 급여 | 보장 | 노후 |

- 이 놀이기구, 꽤 위험해 보이는데 안전이 ( )된 거 맞을까?
- 회사에서는 능력에 따라 ( )이(가) 다르다.
- 100세까지 사는 시대라고 하니 미리미리 ( )을(를) 대비해야 한다.

2. 글의 내용과 일치하면 O, 다르면 X 하세요.

- 사회 복지란 일부 사람들의 편리함과 행복을 위한 것이다. ·············· ( )
- 사회 복지를 위한 돈은 세금에서 나온다. ····························· ( )

3. 사회 복지와 관련 있는 것 3가지에 O 하세요.

| 절약 / 사회 보험 / 기업 / 세금 / 공공 서비스 / 소비 |

4. 사회 복지의 의미를 생각하며 '사회 복지'로 사행시를 지어 보세요.

사

회

복

지

사회 간접 자본

선생님, 우리 학교나 공원도 세금으로 만들어진 거죠?

맞아요. 그 밖에도 도로나 상하수도 시설, 전력 시설 등 사회 유지와 편리한 생활을 위해 꼭 필요한 기반 시설들은 정부가 세금으로 만들고 운영하는 경우가 많아요.

그런 시설들은 만드는 데 돈이 엄청 많이 들 테니까 정부가 나설 수밖에 없겠네요.

철도나 도로가 잘 깔려 있으면 기업들이 생산한 걸 다른 지역으로 운송하기도 편하니까 모두에게 도움이 될 것 같아요.

그렇죠. 이런 시설들은 여러 생산 활동에 간접적으로 도움을 준다고 해서 '사회 간접 자본'이라고도 불러요.

우리 동네에도 사회 간접 자본을 더 팍팍 만들어 주면 좋겠어요. 그러면 지금보다 더 큰 중심지가 되어서 살기 편해지겠죠?

국민들이 내는 세금을 사용하는 거니까 우리나라 전체에 도움이 되는지 잘 계획하고 만들어야지, 우리 동네가 아니라!

맞아요! 지역 간 불균형이 생기지 않도록 특별히 더 신경 써야 해요.

친절한 경제 신문

1판 1쇄 인쇄 2024년 12월 17일
1판 1쇄 발행 2025년 1월 10일

글 서울초등경제금융교육연구회
발행인 손기주

편집팀장 권유선
편집 보리쌀
디자인 정진 **세무** 세무법인 세강

펴낸곳 썬더버드
등록 2014년 9월 26일 제 2014-000010호
주소 경기도 의왕시 정우길47. 2층
전화 02 6368 2807 **팩스** 02 6442 2807

ISBN 979-11-93947-24-1 73320

값은 뒤표지에 있습니다. 잘못된 책은 구입하신 곳에서 바꾸어 드립니다.
썬더키즈는 썬더버드의 아동서 출판브랜드입니다.

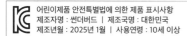